Rose Winterbottom

JAMIE OLIVER

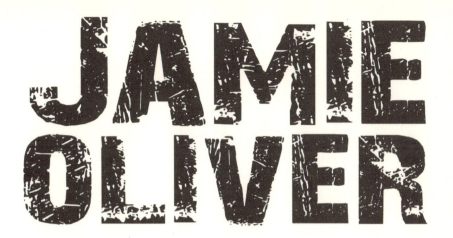

JAMIE OLIVER

Die exklusive Biografie

Rose Winterbottom

Bibliografische Information der Deutschen Nationalbibliothek
Die Deutsche Nationalbibliothek verzeichnet diese Publikation in der Deutschen Nationalbibliografie.
Detaillierte bibliografische Daten sind im Internet über http://dnb.d-nb.de abrufbar.

Für Fragen und Anregungen:
jamieoliver@mvg-verlag.de

1. Auflage 2013

© 2013 by mvg Verlag, ein Imprint der Münchner Verlagsgruppe GmbH,
Nymphenburger Straße 86
D-80636 München
Tel.: 089 651285-0
Fax: 089 652096

Alle Rechte, insbesondere das Recht der Vervielfältigung und Verbreitung sowie der
Übersetzung, vorbehalten. Kein Teil des Werkes darf in irgendeiner Form (durch Fotokopie,
Mikrofilm oder ein anderes Verfahren) ohne schriftliche Genehmigung des Verlages
reproduziert oder unter Verwendung elektronischer Systeme gespeichert, verarbeitet,
vervielfältigt oder verbreitet werden.

Redaktion: Mareike Fallwickl, Hallein
Umschlaggestaltung: Julia Jund, München
Umschlagabbildung: Getty Images
Satz: Grafikstudio Foerster, Belgern
Druck: GGP Media GmbH, Pößneck
Printed in Germany

ISBN Print 978-3-86882-281-6
ISBN E-Book (PDF) 978-3-86415-336-5

Weitere Informationen zum Verlag finden Sie unter

www.mvg-verlag.de

Beachten Sie auch unsere weiteren Verlage unter
www.muenchner-verlagsgruppe.de

Inhalt

Die Jamie-Kontroverse	7
Little Jamie	9
Jamies erste Schritte auf dem Küchenparkett	31
Jamie wird *The Naked Chef*	43
Pukka Tukka	54
The Naked Chef Facts	55
Ein Küchenchef kommt unter die Haube	59
Jamie geht auf Tour: Happy Days	77
Jamie und die schwierigen Jugendlichen	81
Das Restaurant	98
Die Serie	98
Das Buch	99
Warum er ist, wie er ist	101
Oliver's Twist Facts	104
Der Kampf in den Schulkantinen	107
Jamie's School Dinners Facts	123
Buch	123
DVD	123
Preise	124
Italienische Auszeit	125
Jamies Great Italian Escape Facts	134
Begleitendes Kochbuch	134
DVD	134

Jamie zu Hause 137
Jamie At Home Facts 140

Die Sache mit den Hühnern 143
Jamie's Fowl Dinners Facts 148

Wie Gunter von Hagens
zu Jamies Helfer wird 149
Eat to save your life Facts 151

Eine Bewegung für das ganze Land – The Ministry of Food 153
Ministry of Food Facts 158

Ran an den Speck 161
Jamie saves our bacon Facts 162

Der ganz andere Laden 163

Auf nach Amerika 167
Jamie's American Road Trip Facts 172

Jamie unterwegs 173
Jamie Does ... Facts 174

Amerika macht es Jamie nicht leicht 175
Jamie Oliver's Food Revolution Facts 185

Keine Zeit gibt's nicht 187
Jamie's 30 Minutes Meals Facts 188

Fleisch, Fleisch, Fleisch 191

Heimatliebe 193
Jamie's Great Britain Facts 195

Kürzlich und demnächst 197

Der Kampf geht weiter 201

Funny Facts – Was Sie bestimmt noch nicht
über Jamie Oliver wussten 203

Nachwort 205

Glossar 207

Die Jamie-Kontroverse

Es ist relativ einfach: Jamie Oliver finden Sie entweder toll oder unterirdisch. Das ist reine Geschmackssache. Wenn Sie Jamie Oliver zum Beispiel fragen, was er an *Star Wars* mag, wird er Ihnen nicht antworten: »Es ist diese wunderbare Metapher des Kampfes zwischen Gut und Böse.« Er wird Ihnen antworten: »Ich mag Chewbacca. Er macht lustige Geräusche und hat echt viele Haare.«[1]

Entweder rollen Sie bei dieser Antwort so sehr mit den Augen, dass sie Ihnen fast in den Hinterkopf fallen, oder Sie lieben ihn genau dafür. Diese Sympathiefrage ist entscheidend dafür, wie man Jamie Oliver wahrnimmt: als nervigen Star, dessen Zunge irgendwie zu breit für seinen Mund zu sein scheint – oder als leidenschaftlichen Koch, der um einiges cleverer ist, als es den Anschein macht.

Egal, auf welcher Seite Sie in Sachen Jamie Oliver stehen: Vor Ihnen liegt die faszinierende Welt eines wirklich coolen Typen. (Auch wenn er selbst sagt: »I'm not Liam Gallagher, meaning Liam's cool, and I'm not.«[2])

Ich wünsche Ihnen viel Spaß dabei, diese Welt zu erkunden.

---

1   Stafford Hildred und Tim Ewbank, Arise Sir Jamie Oliver, Blake Publishing, ISBN-10: 1844547949.
2   http://www.guardian.co.uk/theobserver/2002/apr/14/features.magazine47.

Little Jamie

Jamie Oliver kommt am 27. Mai 1975 als James Trevor Oliver in South-end-on-Sea in England zur Welt. Dieser Tag ist zugleich der 21. Geburtstag seines Vaters Trevor Oliver.

Southend ist ein Kurort und Seebad in der Grafschaft Essex, nahe der Mündung der Themse in die Nordsee, und hat circa 160.000 Einwohner, einen Vergnügungspark und den längsten Pier der Welt. 2158 Meter ragt die Mole aus Holz ins Wasser. Wahr ist, dass man dort mit einem Zug ans Ende des Piers fahren kann, wo es einen Souvenirladen, ein Café und sogar einen eigenen Briefkasten gibt: die Southend Pier Mail Box.

Unwahr hingegen ist, dass Jamie Oliver auf ebendiesem Pier gezeugt wurde. Genau das hat er nämlich augenzwinkernd einem Journalisten erzählt, woraufhin die Meldung zum Leidwesen seiner Mutter und zur Erheiterung seines Vaters prompt in der Zeitung erschien.

Ebenso unwahr ist, was die Olivers selbst lange für wahr hielten. Nämlich die Geschichte, dass ihre Vorfahren aus dem Sudan gekommen seien. Presse und Ahnenforscher legten sich mächtig ins Zeug, um die afrikanischen Wurzeln freizulegen. Heraus kam dabei jedoch die Erkenntnis, dass ein Ururahne Straßenfeger war, ein anderer Seemann, beide in London lebten und Jamie ebenso britisch ist wie *Fish 'n' Chips*.[3]

---

3   Quelle: http://timedetectives.wordpress.com/2010/02/09/157/.

Jedoch kann mit Sicherheit gesagt werden, dass einige von Jamies Vorfahren Köche waren, nämlich der Vater, der Großvater und zwei Onkel, und das ist zwar kein bisschen exotisch, aber zumindest ein klein wenig bemerkenswert.

Um zu verstehen, wie aus dem kleinen James der weltbekannte Jamie Oliver wurde, muss man unbedingt seinen Vater, Trevor Oliver, kennen: Trevor wuchs, wie später seine eigenen Kinder, zu einem Großteil im Pub seiner Eltern auf, im *The Plough & Sail*, dessen Name auf Deutsch *Pflug & Segel* bedeutet.

Nun ist ein *Pub* nicht einfach eine Kneipe, in der sich die Briten mit Guinness unter die Theke trinken – gut, manchmal ist es auch das –, ein *Pub* ist viel mehr. Es hat seinen Namen von *Public House*, es ist ein Ort der (und für die) Öffentlichkeit und als solcher ein wichtiger Bestandteil des sozialen Lebens. Ursprünglich an strategisch wichtigen Straßenkreuzungen für die Reisenden errichtet, wurden die Pubs schnell Teil der britischen Kultur und haben sich seitdem in Aussehen und Einrichtung wenig verändert. In einem Pub ist es stets so gemütlich wie möglich: Viel dunkles Holz, Sofas, Teppiche, gedimmtes Licht und getönte Fenster sorgen für eine intime, heimelige Atmosphäre. Nicht selten sieht man in einer Ecke einen Billiardtisch und eine Dartscheibe, und meistens ist das gesamte Pub zugehängt und vollgestopft mit Nippes, Andenken, Bildern und was dem Wirt noch so am Herzen liegt. Es gibt in der Regel eine (reiche) Auswahl an Bieren und ein (begrenztes) Speiseangebot. Bis vor einigen Jahren war stets um 23 Uhr gesetzlich verordnete Sperrstunde, um sicherzugehen, dass die Leute am nächsten Tag wieder pünktlich zur Arbeit erscheinen. Das hat sich allerdings inzwischen vor allem in den Städten geändert.

Das *Plough & Sail*, in dem Jamies Vater Trevor aufwuchs, ist heute noch in Betrieb und liegt am äußersten Rand der kleinen Ortschaft Paglesham in Essex: ein weiß gestrichenes Holzhäuschen mit einem Giebel über der Eingangstür, Blumen an den Fenstern und einladenden

Bänken vor der Tür. Ein schmaler, ungeteerter Weg führt von dort zum Fluss Roach. Wie das gesamte Gebiet um die Mündung der Themse war auch der Roach berühmt für seine Austernbänke. In Zeiten, als die begehrten Muscheln noch traditionell gefischt wurden, zogen dort die typischen einmastigen Segelboote über das Wasser – ein solches ziert bis heute das Schild des *Plough & Sail*. Einst Treffpunkt der Fischer, ist das *Plough & Sail* heute Ausflugslokal und Dorfschänke und hat mit seiner Einrichtung aus dunklem Holz und dem offenen Kamin nichts von seinem rustikalen Charme verloren.

In diesem Pub lernt der junge Trevor kochen, Guinness zapfen und Austern servieren. Hier entdeckt er auch, dass er jene Voraussetzung besitzt, die einen guten Wirt ausmacht: Er mag Menschen. Er mag den Trubel, die Arbeit, und ihm wird sehr früh klar, dass es genau das ist, was er will: ein eigenes Pub.

Trevor Oliver gehört nicht zu den Menschen, die sich in Tagträumen verlieren, sich mit Selbstzweifeln herumquälen oder denen es schwerfällt, Entscheidungen zu treffen. Im Gegenteil, er ist ein Macher, felsenfest davon überzeugt, dass man alles im Leben erreichen kann – wenn man sich nur genug anstrengt. Er ist einer dieser beneidenswerten Menschen, die immer früh aufstehen, die immer etwas zu tun haben – und die dabei auch noch gut gelaunt sind.

Trevor lässt sich am Southend Catering College zum Koch ausbilden, wo er zweimal in Folge als Schüler des Jahres ausgezeichnet wird. Er sammelt Erfahrungen in verschiedenen Restaurants, und als er die junge Bankangestellte Sally Palmer kennenlernt und sich Hals über Kopf in sie verliebt, findet er in ihr die perfekte Geschäfts- und Lebenspartnerin. Sally Palmer, die bald zu Sally Oliver wird, steht ihrem Mann in Sachen Fleiß und Zielstrebigkeit in nichts nach: »Sie ist wie eine weibliche Version von ihm«, sagt ein Freund der beiden.[4]

---

4   Stafford Hildred und Tim Ewbank, Arise Sir Jamie Oliver, Blake Publishing, ISBN-10: 1844547949.

Als sie sich kennenlernen, wird ihnen schnell klar, dass sie ein unschlagbares Team abgeben, und sie legen sofort los: Das junge Ehepaar übernimmt die Geschäftsführung eines Pubs in South Ockendon, des *Prince of Wales*. Trevor ist zu diesem Zeitpunkt gerade mal 19 Jahre alt.

Auch in anderer Hinsicht lassen sie kaum Zeit vergehen: Nach nur zwei Jahren wird Sohn James, Jamie, geboren.

Jamie ist noch ein Säugling und seine Mutter Sally gerade mit Jamies Schwester Anna-Marie schwanger, da entdeckt das junge Paar den perfekten Ort, um seinen großen Traum vom eigenen Pub Wirklichkeit werden zu lassen: das kleine, malerische Dörfchen Clavering mit nur knapp über 1000 Einwohnern, das keine 60 Kilometer von Southend entfernt liegt und in dem zumindest namentlich der *clover* (der Klee) blüht. Hier steht eine heruntergekommene Bruchbude von einem Pub namens *The Cricketers* (Die Kricketspieler) zum Verkauf. Das Haus wurde im 16. Jahrhundert erbaut und war eine einfache Schänke mit Übernachtungsmöglichkeit, ein *Inn*.

Trevor und Sally sind jedoch zuversichtlich, sie sind willens – und sie sind vollkommen pleite. Trevors Vater bürgt schließlich für einen Bankkredit, und so zieht das Paar 1976 mit Klein-Jamie, Baby Anna-Marie und großen Plänen in die Wirtswohnung über dem Pub.

Ein renovierungsbedürftiges Wirtshaus ohne Gäste, zwei Kleinkinder, ein gemeinsamer Arbeitsplatz und viel Alkohol in der Nähe – das ist der Stoff, aus dem Albträume gestrickt werden. Für Sally und Trevor aber ist es der Startschuss in ihre gemeinsame Zukunft, eine Zukunft, die auch mit Risiken verbunden ist: Die Einnahmen durch die wenigen Gäste aus dem Dorf, die ab und an ein paar Biere kippen, reichen nicht aus, um den Kredit abzuzahlen. Das *Cricketers* braucht ein neues Konzept. Und so gehören die Olivers zu den Ersten, die etwas beginnen, das man später die *Pub Food Revolution* nennen wird.

Man muss sich vorstellen, dass in den 70ern ein Spiegelei und Pommes in einem Pub schon eine akzeptable Speisenauswahl waren. Zusätzlich verbreitete sich eine aus Frankreich stammende, zweifelhafte Mode: das Kochen im Vakuumbeutel. Dabei können fast alle Lebensmittel portionsweise vorgegart und bei Bedarf im Wasserbad erhitzt werden. Die stetig zunehmende Verbreitung von Mikrowellenherden tat ihr Übriges. Es war, kurz gesagt, nicht ebendas, was man eine kulinarische Blütezeit nennen würde.

Das Konzept von Trevor und Sally hingegen sieht frisch Zubereitetes vor. Qualität setzt sich durch, das ist ihre feste Überzeugung. Ihr Ziel ist es, durch Trevors Kochkünste neue Gäste anzulocken und so das Einzugsgebiet zu vergrößern. Kein leichtes Unterfangen, wenn man bedenkt, dass nahezu in jeder noch so kleinen Ortschaft der Gegend ein Pub zu finden ist. Damit die Gäste bereit sind, eine Extrastrecke in Kauf zu nehmen, verwendet Trevor die hochwertigsten Zutaten, die er finden kann.

Er unternimmt Streifzüge über die Dorfmärkte und durch die Geschäfte der Region auf der Suche nach lokalen Spezialitäten, nach dem zartesten Fleisch und dem frischesten Gemüse. Während er in der Küche des Pubs steht, kümmert sich Sally um die Buchhaltung und übernimmt den Service.

Abgesehen vom besten Essen weit und breit bieten die beiden aber noch etwas, das für ein erfolgreiches Pub fast noch wichtiger ist: eine gute, lockere Stimmung. Das gemeinsame Projekt schweißt die beiden zusammen und schafft eine partnerschaftliche, verschworene Gemeinschaft. Sie ziehen am selben Strang, ohne sich dabei gegenseitig aus den Augen zu verlieren. Das liebevolle Verhältnis der Olivers, ihre Lebensfreude und die Späßchen untereinander sind herzerfrischend. In diese glückliche, entspannte Stimmung beziehen sie die Gäste mit ein und lassen sie an ihrer Fröhlichkeit teilhaben.

Gleichzeitig begehen Trevor und Sally einen ganz großen Fehler *nicht*: Sie vergraulen keine alten Dörfler, sondern heißen sie von Anfang an herzlich willkommen. Wer ein Bier an der Bar trinken will, wird ebenso freundlich empfangen wie eine größere Gesellschaft, die zum Essen kommt. Daran hat sich bis heute nichts geändert. Und so skeptisch alteingesessene Dörfler auch sein können: Die ansteckende gute Stimmung und das Lachen hat sie früher oder später alle gekriegt.

Während seiner steten Renovierung verwandelt sich das Pub mehr und mehr in den magischen Ort, an dem Jamie aufwächst: In dem von Rosen umsäumten Garten steht das alte Inn, als hätte es nie schlechte Zeiten gesehen. An den Türpfosten rankt sich eine prachtvolle Glyzinie nach oben, deren volle lila Blütentrauben zu beiden Seiten schwer herabhängen. Tritt man zum ersten Mal ein, fühlt man sich in die Kulisse eines Harry-Potter-Films versetzt: In eine Backsteinwand ist ein offener Kamin eingelassen, wo im Winter ein Feuer knistert. Daneben steht eine alte hölzerne Standuhr, die einzelnen Tische und Sitzecken sind mit weichem Samt bezogen und durch grobe, rustikale Holzpfeiler voneinander getrennt. Unzählige Töpfe und Schüsseln aus poliertem Kupfer hängen an den Wänden, und alles zusammen verströmt eine warme Behaglichkeit. Man kann es schlimmer erwischen.

Wenn man mit den Geschichten von Astrid Lindgrens Michel aus Lönneberga vertraut ist, dann hat man eine ungefähre Vorstellung von Jamie als Kind: blond gelockt, aufgeweckt, voller Energie, mit blauen Augen und dem riesigen Schalk im Nacken. Außerdem hat er das große Glück, dass es im idyllischen Clavering genügend andere Kinder für eine professionelle Rasselbande gibt. Zusammen bauen sie Verstecke und Baumhäuser im Wald, klauen Äpfel von den Bäumen der Bauern, stauen den Bach, bis er die nächste Wiese überflutet, und veranstalten Wasserschlachten mit Sodaflaschen im Pub, wo es immer etwas zum Naschen oder eine Limonade gibt. Da Clavering ein sehr kleiner Ort ist, kennen die Bauern auch jedes der Früchtchen beim Namen (was für diese nicht immer von Vorteil ist) und haben nebenbei ein Auge auf die Cowboys, Indianer, Räuber und Gendarmen. Die perfekten Zutaten für eine Kindheit wie aus dem Bilderbuch.

Ungefähr zu der Zeit, als Jamie eingeschult wird, fassen seine Eltern einen wichtigen Beschluss: Sie stellen einen Chefkoch ein, der mehr Geld verdient als Trevor und Sally zusammen. Wie sich herausstellt, ist es genau die richtige Entscheidung. Das Pub bekommt langsam, aber sicher den Ruf, das beste Essenslokal in ganz Essex zu sein, und innerhalb weniger Jahre halten nicht weniger als sieben Köche die Küche des *Cricketers* am Laufen.

Es ist eine arbeitsreiche Zeit, und in einer anderen Familie wäre das Familienleben vielleicht zu kurz gekommen, aber die Olivers genießen ihr Familienleben viel zu sehr, als dass sie es vernachlässigen würden. Jeden Tag isst die Familie zusammen, und an den Sonntagen versammeln sich die Olivers mit Onkeln, Tanten, Cousins, Cousinen und Großeltern zum gemeinsamen Sonntagsbraten im *Cricketers*. Es sind ausgedehnte Treffen, bei denen alle lärmend um den großen Tisch herumsitzen und Stunden voller Lachen, Gaumenfreuden und Geschichten verbringen. Die Kinder lieben diese Familienessen, weil sie die ungeteilte Aufmerksamkeit genießen und die Familie ganz für sich haben. Dampfende Schüsseln und große Pfannen werden aufgefahren, riesige Mengen an englischem Pudding und Vanillesoße kommen auf den Tisch, und es ist, als wäre dieser Tisch das Herz der Familie.

Außerdem machen sich die Kinder einen Riesenspaß daraus, ihren Vater Trevor bei diesen Gelegenheiten zu überreden, eine kleine Ansprache zu halten: »Schön, dass ihr alle hier seid …«, etwas in der Art. Und wenn Trevor dann rührselig wird, schütten sich Jamie und Anna-Marie aus vor Lachen.[5]

---

5   http://www.epicurious.com/articlesguides/holidays/mothersday/mothersdaychefstories.

Es sind diese Extras, das gemeinsame Essen und der Spaß miteinander, die einen Ausgleich schaffen und dafür sorgen, dass sich die Kinder wahrgenommen und eingebunden fühlen. In einem Interview erinnert sich Jamie an einen seiner Geburtstage, an dem zur Feier des Tages ein riesiger Berg selbst gemachter Eiscreme auf einem Tisch in der Mitte des Restaurants platziert war.[6]

Das ist ein enormer Aufwand, vor allem für Eltern mit sehr wenig Zeit – nicht nur die Eiscreme herzustellen, sondern vor allem die Reinigung des Raums, nachdem ein Rudel Kinder über den Eisberg hergefallen ist –, aber Dinge wie diese vermitteln einem Kind seinen Stellenwert und die Gewissheit, geliebt zu werden.

Zudem gönnt sich die Familie jedes Jahr einen schönen Urlaub vom Pub. Sie mieten zusammen mit den Großeltern und dem einen oder anderen Onkel ein Hausboot und schippern durch die nahe gelegene Fluss- und Seenlandschaft von Norfolk. Der Nationalpark Norfolk Broads umfasst rund 30 ruhige, schilfgesäumte Seen, die durch Flüsse und Kanälen miteinander verbunden sind. Er verfügt somit über mehr als 300 Kilometer befahrbare Wasserwege – ein Traum für Hausbooturlauber. Die Familie liebt diese Auszeiten. Die Kinder springen vom Boot ins Wasser, angeln, holen von den Farmen am Ufer frische Eier, dürfen auf Papas Schoß das Boot lenken, und nach dem Grillen im Sonnenuntergang fallen sie wie Steine in ihre Betten.

Jamie ist nun etwa sechs Jahre alt und vernimmt jene Worte aus der Küche, an die er sich ewig erinnern wird. Er ist oben in der Wohnung, als es alle paar Minuten laut und deutlich von unten ertönt: »Brate, du Mistkerl!« Dem folgt ein kurzes elektrisches Surren. Neugierig wie alle Kinder, geht er die Treppen hinunter und späht in die Küche. Er sieht den Koch, der an der Arbeitsfläche steht und Krabben pult, wobei er hin und wieder eine auf Augenhöhe vor sein Gesicht hält, »Brate, du

---

6   http://web.de/magazine/essen-geniessen/essen/14127746-essen-ist-erinnerte-emotion.html.

Mistkerl!« ruft und sie in hohem Bogen gegen den elektrischen Insektenkiller wirft, *Brrrrzzzzz*.[7]

Das mag einem sonderbar vorkommen, ist es aber nicht. Es ist einfach nur so, dass Köche spinnen. Das soll keine Wertung sein, sondern ist eine simple Tatsache. Jeder, der schon einmal in der Gastronomie gearbeitet hat, kann das bestätigen. Köche sind die größten Kindsköpfe, die man sich vorstellen kann – was der kleine Jamie selbstverständlich großartig findet. Die Köche veranstalten Hummerrennen auf dem Küchenfußboden, spielen einander permanent derbe Streiche, fluchen wie die Kesselflicker, erzählen schmutzige Witze, brüllen Befehle und zaubern dabei fantastische Gerichte. Für den kleinen Jamie sind sie die coolsten Geschöpfe auf der ganzen Welt.

Den Weg in dieses Universum öffnet ihm sein Vater, indem er Jamies Forderung nach Taschengeld kategorisch ablehnt und ihm stattdessen anbietet, ein bisschen im Pub zu helfen und sich selbst etwas zu verdienen. Gleichzeitig, so hofft er, würde diese ungeheure Menge an Energie, die Jamie in die Wiege gelegt wurde, in vernünftige Bahnen gelenkt. Manche halten das für eine eigenartige Idee, dabei ist sie gar nicht so ungewöhnlich.

Oftmals wollen gerade die Eltern, die sich selbst ihren Weg erkämpfen mussten, ihren Kindern vermitteln, was es bedeutet, für seinen Erfolg zu arbeiten. Die Kinder von Bill Gates zum Beispiel haben gar ihre Eltern darum gebeten, nicht in der Öffentlichkeit zu erzählen, was sie alles nicht dürfen oder bekommen – es ist ihnen einfach zu peinlich.

Die Tochter von Musiker Sting sagte in einem Interview: »... meine Eltern haben immer großen Wert darauf gelegt, dass meine Geschwister und ich den Wert des Geldes kennenlernen. Sie selbst haben hart gearbeitet, um das zu erreichen, was sie heute haben, und deshalb war

---

7   Aus: Kimberly Witherspoon & Andrew Friedman, Kulinarische Katastrophen Weltberühmter Köche, Berlin Verlag Taschenbuch, ISBN-10: 3833307323.

es ihnen immer wichtig, dass auch wir den Wert von Arbeit kennenlernen. Ansonsten wären wir vermutlich gelangweilte, verwöhnte Gören geworden.«[8]

Die verwöhnten Gören, sie sind der Albtraum dieser Eltern.

Das Prinzip, dass Kinder sich ihr Taschengeld verdienen müssen, stößt natürlich auch auf Kritik. Es wird bemängelt, dass die Kleinen dazu erzogen werden, für jede Hilfe, die sie im Haushalt leisten, die Hand aufzuhalten, und freiwillig gar nichts mehr tun. Bei Jamie hingegen funktioniert dieses System so gut, dass er bei seinen eigenen Kindern später genauso verfährt.

Die ersten Arbeiten, die der kleine Jamie verrichtet, haben zu seinem Leidwesen in der Mehrheit mit einem Besen oder einem Putzeimer zu tun und nicht das Geringste mit der faszinierenden Welt der Köche. Aber Jamie bewährt sich und schlängelt sich immer wieder in die Küche. Deshalb steht er bald auf einer Kiste vor dem Spülbecken und darf Teller waschen. Das ist zwar schon ein Schritt in die richtige Richtung, aber in der Küchenhierarchie immer noch der Bodensatz. Die interessanten Dinge spielen sich nicht in der Abwaschecke ab, sondern an den Anrichten und Herden, bei den großen Jungs.

Die großen Jungs finden glücklicherweise Gefallen an ihrem kleinen Bewunderer und beziehen ihn in das Küchenleben mit ein. Das heißt nicht nur, dass sie ihm kleine Aufgaben zuteilen, wie Gemüseschälen und Erbsenpulen, sondern auch, dass sie ihn an ihren Scherzen teilhaben lassen. Jamie ist dabei, als die Truppe die Lederjacke des Kochs in Wasser taucht und in die Kühltruhe legt, um sie kurz vor Schichtende wieder an ihren Platz zu hängen – schockgefroren.

Er ist ein Zwerg inmitten von Männern, die sich aufführen wie große Kinder – ein Paradies für einen Jungen. Gleichzeitig wird er nicht verschont. Er wird aufgrund seiner praktischen Größe in den Kühlschrank

---

8   http://www.rtl.de/cms/unterhaltung/musik/coco-sumner-ueber-vater-sting.html.

gesperrt, er wird kopfüber in das Abwasser im Spülbecken getunkt und jeder Streich vermittelt Jamie das schöne Gefühl, dazuzugehören und einer von ihnen zu sein. Schließlich gibt es nichts, was einen Menschen mehr ausgrenzt, als ihn zum Tabu zu erklären.

Es ist eine Art Ausbildung im Streichespielen, die Jamie absolviert. Außerdem kann er innerhalb kürzester Zeit fluchen wie ein Rohrspatz. Disziplinen, die in der Schule und im Freundeskreis von unschätzbarem Wert sind.

Seine Freunde treffen sich in der Regel bei Jamie im Pub, bevor sie ausströmen und Verstecken und Fangen spielen, die Klingeln der Nachbarn putzen oder sich gegenseitig mit Wassereimern verfolgen. Sie spielen sich und anderen mit großer Begeisterung Streiche, wobei es aber zu keinen größeren Schäden kommt. Gut, es kann vorkommen, dass der Briefträger die Wassereimerdusche abbekommt, weil er zur falschen Zeit um die Ecke biegt, aber solche Dinge passieren nicht mit Absicht. Jamie kann Gemeinheiten nicht ausstehen. Als beim Klingelputzen eine alte Dame, auf eine Gehhilfe gestützt, die Tür öffnet, läuft Jamie nicht weg. Im Gegenteil, er stellt sich vor und fragt sie, ob er etwas für sie erledigen könne.[9]

Der Vergleich mit Astrid Lindgrens Michel aus Lönneberga passt auch deswegen so gut, weil Jamie das gleiche weiche Herz in der harten Bengelschale hat wie die Romanfigur. Beides, der gute Kern genauso wie der Rotzbengel, stehen ihm bis heute mitten ins Gesicht geschrieben. Es ist typisch für den jungen Jamie, dass er bei einer kranken Nachbarin klopft, um zu fragen, ob sie etwas braucht – und zwar ohne dass ihn jemand darum gebeten hätte. Das ist für einen Grundschüler bemerkenswert.

So ist es denn auch wirklich nicht böse gemeint und ausschließlich der Begeisterung für Streiche sowie kindlicher Unbedachtheit zuzuschrei-

---

9   Stafford Hildred und Tim Ewbank, Arise Sir Jamie Oliver, Blake Publishing, ISBN-10: 1844547949.

ben, dass Jamie und seinen Kumpanen an einem schönen Sommertag während der langen Schulferien die grandiose Idee mit den Stinkbomben kommt: Es ist Mittagszeit. Das *Cricketers* füllt sich allmählich, ein paar Leute stehen an der Bar, rauchen eine Zigarre und trinken ein Bier, während man im Restaurant die Essensgäste mit dem Besteck klappern hört. Es herrscht geschäftiges Treiben, und niemand achtet auf die Kinder, die sich plötzlich sehr zügig aus dem Staub machen.

Falls man den fauligen Schwefelgeruch einer Stinkbombe nicht kennt, nur so viel: Innerhalb von drei Minuten befindet sich kein einziger Gast mehr im Pub. Alle laufen stattdessen draußen auf dem Parkplatz durcheinander, während sich Jamie und seine Kumpels in ihrem Versteck die Bäuche halten vor Lachen. Eine großartige Aktion – allerdings nur so lange, bis Jamie bemerkt, dass die Leute in ihre Autos steigen und davonfahren. Als er das sieht, wird ihm klar, was er angerichtet hat – das komplette Mittagsgeschäft eines Tages ist im Eimer, die Gäste verschwinden, ohne zu zahlen, und was sie zu Hause erzählen, kann man sich ungefähr ausmalen.

Es gibt im Leben jedes Menschen mindestens einen Anpfiff, den er nie wieder vergisst. Und genau so einen bekam Jamie an diesem Tag.[10] Trevor weiß, dass sein Sohn ein gutmütiges und sonniges Gemüt hat und dass er niemandem etwas Böses will, am wenigsten seinem Vater – er kann schlichtweg nicht fassen, dass Jamie so dämlich ist, dem Familiengeschäft einen derartigen Schaden zuzufügen.

Trotz Anpfiff: Seine professionelle Ausbildung im Streichespielen bringt Jamie, sehr zum Leidwesen seiner Lehrer, aktiv in den Schulalltag mit ein. Er ist voller Energie, hat jede Menge lustiger Ideen und die Gabe, andere für diese Ideen zu begeistern. Ein Lehrer erinnert sich an das, was er später nur noch den *Jamie Oliver Shuffle* nennt:[11] Sobald

---

10 http://www.thefreelibrary.com/When+did+you+last+feel+utterly+insignificant%3F+Last+night+when+I+was. ..-a064562160.

11 Stafford Hildred und Tim Ewbank, Arise Sir Jamie Oliver, Blake Publishing, ISBN-10: 1844547949.

er der Klasse den Rücken zudreht, um etwas an die Tafel zu schreiben, tauschen die Schüler schnell die Plätze oder verrücken ihre Tische. Wenn sich der Lehrer dann umdreht, um jemanden aufzurufen, sitzt dort plötzlich jemand ganz anderes als noch vor wenigen Minuten. Jamies Beliebtheit bei den Lehrern tut derlei keinen Abbruch. Wenn auch noch so viele Tafelschwämme durch das Klassenzimmer fliegen: Die Versuche von Jamie, eine unschuldige Miene aufzusetzen, und die Schuld, die gleichzeitig in großen Lettern auf seine Stirn geschrieben ist, machen ihn viel zu liebenswert, als dass man ihm (lange) böse sein könnte.

Auch nicht, als er die Schließfächer einiger Mitschüler mietet, um einen florierenden Handel mit Süßigkeiten aufzubauen, die er als Wirtssohn günstig im Großhandel bekommt …

Er liebt es, mit seinen Freunden herumzualbern, er ist unbefangen, beherzt, freundlich und hat ein offenes Wesen. Das ist insofern erstaunlich, als Jamie von Beginn an Probleme in der Schule hat. Jamie ist Leghasteniker. Für Legastheniker ist es schwierig, gesprochene Sprache in Schrift umzusetzen und umgekehrt, daher fällt die Schwäche meistens in den ersten Schuljahren auf. Ansonsten sind die Kinder ebenso intelligent wie alle anderen.

In verschiedenen Ländern wird inzwischen auf die Bedürfnisse dieser Kinder eingegangen, zum Beispiel dadurch, dass bei der Benotung die Schreibleistung außer Acht gelassen wird. Bewertet wird dann nur der Inhalt, aber nicht die Rechtschreibung. Außerdem gibt es Förderprogramme und verschiedene therapeutische Maßnahmen, die für jedes Kind individuell zusammengestellt werden können.

Zu Jamies Schulzeit heißt das Förderprogramm: Mrs Murphy. Vor Beginn der regulären Englischstunde streckt sie ihren Kopf zur Tür herein und fragt in den Raum: »Special needs?« (Förderklasse?)

Jamie und ein anderer Schüler stehen dann von ihren Plätzen auf und verlassen die Klasse unter dem lauten Gesang ihrer Mitschüler, die nach der Melodie von *Let it be* der Beatles *Special needs, special neeeeeeds* intonieren. Zusammen mit ein paar anderen sitzt Jamie dann in der Galerie über der Bibliothek, und Mrs Murphy buchstabiert ihnen etwas vor. »Das einzig Positive an diesen Förderstunden«, sagt Jamie heute, »war, wenn Mrs Murphy auf die Toilette ging und wir die Leute, die in der Bibliothek saßen, mit Papierkügelchen beschießen konnten.«[12]

Legasthenie ist auch bei bester Förderung eine hartnäckige Störung. Selbst wenn sich die Kinder große Mühe geben, sind die Fortschritte langsam und zäh, was nicht selten dazu führt, dass das Selbstwertgefühl der Kinder leidet. Das kann wiederum Verhaltensprobleme nach sich ziehen, Schulangst oder Aggressivität. Die Beherrschung der Rechtschreibung gilt als Zeichen von Bildung und Intelligenz, und Kinder mit Legasthenie sehen sich nicht selten als faul oder dumm gebrandmarkt. In einem Interview sagt Jamie im Nachhinein über sich selbst: »Ich war eines dieser dicken, dummen Kinder. Ich musste in die Förderklasse und brauchte Nachhilfe, um die einfachsten Dinge zu lesen und zu schreiben.«[13]

Dieser Kampf um jedes Wort und jeden Satz ist ihm zutiefst zuwider. Er braucht Bewegung, er muss etwas tun, schon alleine das Stillsitzen bei der Leserei macht ihn hibbelig, was sich bis heute nicht geändert hat. Jamie hat bis heute kein einziges Buch gelesen außer seinem ersten Buch *Kochen mit Jamie Oliver*, das er auf seine Richtigkeit überprüfen musste.

Es ist eine Ironie des Schicksals, dass er, obwohl er nach der Schule nie mehr etwas mit Lesen oder Schreiben zu tun haben wollte, bis heute zig Millionen Bücher verkauft hat (die er mit einem Diktiergerät aufgenommen hat).

---

12 http://www.guardian.co.uk/theobserver/2002/apr/14/features.magazine47.
13 http://www.sueddeutsche.de/geld/reden-wir-ueber-geld-jamie-oliver-ich-war-ein-dickes-dummes-kind-1.1039914-3.

Im Gegensatz zu einigen anderen Schülern der Förderklasse kommt sich Jamie jedoch nie vor wie ein Versager. Der Unterricht ist ihm zwar verhasst, er ist langsam, das Lernen ist mühsam, und das trockene Schulwissen geht ihm auf die Nerven, aber er fühlt sich nie minderwertig. Er zieht sich nicht zurück, lässt nie seinen Frust an anderen aus und kompensiert sein Manko nicht durch aggressives Verhalten. Er bleibt ein selbstbewusster, fröhlicher Junge und hat trotzdem Spaß. Vielleicht ein bisschen zu viel Spaß, wenn man seine Lehrer fragt. Jamies Selbstbewusstsein und seine Überzeugung, dass die Welt ein guter Ort ist, sind schon damals fest in ihm verankert. Er hat neben dem Leben in der Schule schließlich das Leben im Pub: Er arbeitet, er ist akzeptiert, er bekommt Anerkennung und nicht zuletzt Geld – mit neun Jahren kann er schon gut mit dem Küchenmesser umgehen und stiftelt Gemüse wie ein Profi. Welcher Schüler der Grundstufe kann das schon von sich behaupten? Einen großen Anteil daran, dass der kleine Jamie die Schwierigkeiten durch die Legasthenie ohne seelische Schäden übersteht, hat sein Vater. Trevor ist stolz auf seinen Sohn und vermittelt ihm seine Überzeugung, dass man alles erreichen kann, wenn man hart dafür arbeitet. Jamie glaubt seinem Vater nicht nur, er macht sich die gleiche Überzeugung zu eigen: Ich kann alles erreichen. Schließlich leben seine Eltern ihm genau das vor. Trevor steht morgens um fünf auf, um sein eigenes Brot zu backen, die Arbeitstage sind lang, und Faulenzen gibt es bei den Olivers nicht. Wer nichts zu tun hat, bekommt etwas zu tun. Dieser Einsatz zahlt sich aus. *Im Bett sterben die Leute*, das alte Sprichwort, könnte von Jamies Vater stammen. Frühmorgens, wenn er die Blumen vor dem Haus gießt und Jamie am Wochenende noch im Bett liegt, spritzt er ihn durch das Fenster mit dem Wasserschlauch wach. Auf diese Art hätte auch ein trotziger Rebell aus Jamie werden können, aber er hat einfach die Arbeitsmoral seines Vaters übernommen. Für echte Rebellion fehlt ihm nicht nur die Zeit – die Arbeit im Pub macht Jamie dafür auch viel zu viel Spaß. Die Gewissheit, etwas erreichen zu können, sowie das Eingebundensein in die Gemeinschaft der Familie und der Köche machen Jamie stark. Stärker, als es viele Kinder in seinem Alter sind.

Seine Mitschüler bemerken dies unter anderem bei Auseinandersetzungen in der Schule: als einige ältere Schüler einen Jüngeren schikanieren, ihn herumschubsen und sich über ihn lustig machen. Jamie geht zu dem Größten von ihnen und sagt, sie sollten damit aufhören. Er ist dabei nicht aggressiv, er will sich nicht vor seinen Kumpels profilieren, sondern bleibt ganz ruhig dabei. Die Selbstsicherheit, die er ausstrahlt, lässt den Größeren einknicken. Für die jüngeren Schüler ist er ab diesem Zeitpunkt natürlich eine Art Superheld.

In der Schule lernt er auch seinen Freund Leigh Haggerwood kennen. Ein Neuzugang in der Klasse, der in seiner lilafarbenen Weste recht einsam in einer Bank sitzt. Der Kerl tut Jamie leid, und deswegen setzt er sich zu ihm. Keine Woche später sind die zwei ein eingeschworenes Team. Die beiden 12-Jährigen gründen eine Band, mit Jamie am Schlagzeug, Leigh am Keyboard und der festen Absicht, irgendwann in die Hitparaden einzusteigen. Jamies Eltern haben die Wohnung über dem Pub zu diesem Zeitpunkt schon gegen ein Häuschen mit Garten im Nachbarort Rickling eingetauscht. Damit der Sohn ebenjenes Haus nicht in Grund und Boden trommelt, stellen sie ihm eine kleine Holzhütte in den Garten. Es ist ein dunkelrot gestrichener Schuppen, und da Dunkelrot auf Englisch ›scarlet‹ heißt, nennt die Band sich *Scarlet House*.

Jamie teilt seine Freizeit nun auf zwischen Pub und Band, und während er an den Wochenenden im Pub sein Taschengeld verdient, lernt er dabei nicht nur, wie man Gemüse stiftelt.

Er lernt von seinem Vater das Einkaufen: dass nur die frischesten und hochwertigsten Produkte gut genug sind und wo man sie herbekommt; dass Obst und Gemüse gekauft werden, wenn sie Saison haben, wann diese jeweils ist und dass man am besten direkt zu den Bauern fährt, um die besten Sachen zu ergattern, bevor sie zum Markt gebracht werden, und wie viel sie kosten.

Von seiner Mutter, der Königin der Nachspeisen, lernt er, Desserts, Gelees, Soßen und Marmeladen zuzubereiten; er begleitet sie zum Beerenpflücken, er lernt die einheimischen Sorten kennen und erfährt, wann man sie erntet.

Außerdem erlebt er hautnah, was ein gutes Restaurant ausmacht: Es ist nicht nur das gute Essen. Ein Restaurant kann eine noch so hervorragende Küche vorweisen, wenn der Service unfreundlich ist, dann hat man einen beschissenen Abend, da kann das Hummerparfait so luftig sein, wie es will. Jamies Vater Trevor hingegen ist darauf bedacht, dass jeder Gast das Pub glücklich verlässt. Der Gast soll sich wohl- und willkommen fühlen, die Zeit im Pub genießen. Trevor ist fürsorglich, aufmerksam und schafft es durch seine lockere, freundliche Art, eine ganz besondere Atmosphäre zu verbreiten. Ob es geschmeckt hat, ob noch etwas fehlt, ob alle zufrieden sind und ob es noch ein Glas Wein sein darf – Jamie lernt, dass es nicht unmännlich ist, sich um andere zu kümmern oder gefällig zu sein. Es ist auch nicht unmännlich, als Mann zu kochen, es ist sogar extrem cool, in der Küche zu stehen!

Er lernt, mit den unterschiedlichen Charakteren, die das Pub bevölkern, umzugehen. Dort treffen Dorfbewohner, reiche Geschäftsleute und Roma, die in Wohnwagen am Dorfrand leben, aufeinander.

Und trotz aller Späßchen in der Küche und mit den Gästen, sobald das Geschäft losgeht, heißt es Ärmel hochkrempeln und buckeln, auch das lernt Jamie.

Wenn der weltberühmte Koch heute sagt:

»Jedes Projekt, das ich mache, ist nur eine vergrößerte Version der Art und Weise, wie mein Vater seine Kneipe betreibt«,[14] dann ist das eine Zusammenfassung all der Dinge, die ihm damals schon beigebracht wurden.

---

14 Frei übersetzt aus: http://www.dailymail.co.uk/femail/food/article-2054639/Cook-Jamie-My-old-mans-genius-try-hand-favourite-recipes.html.

Zwei Ereignisse aus dieser Zeit beeindrucken Jamie nachhaltig:

– Erstens: Jamies Vater vermittelt seinem Sohn im Alter von ungefähr 13 Jahren ein Praktikum in einem anderen Restaurant, im *The
Starr*.[15] Das *Starr* ist ein etwas besseres Restaurant als sein eigenes, es
liegt keine halbe Stunde entfernt, und Jamie darf auf dem Posten der
kalten Vorspeisen mitarbeiten. Dort übertrifft er alle Erwartungen:
In der zweiten Wochen wird ihm der Posten übertragen.[16] Sein Vater
ist wahnsinnig stolz auf ihn und: Er sagt es ihm auch. Woraufhin
Jamie sich natürlich fühlt wie der King of Currywurst.

– Zweitens: Jamie probiert nahezu alles Essbare, das er in der Küche
sieht, und eines seiner absoluten Lieblingsgerichte wird dabei ge-
räucherter Lachs mit Zitrone. Er will seine Begeisterung mit seinen
Freunden teilen und bringt zum nächsten Treffen für jeden ein Sandwich mit geräuchertem Lachs mit. Er kann sich noch genau an diesen
sonnigen Nachmittag im Sommer erinnern, als sie zu viert auf dem
Boden sitzen. Einer der Roma-Jungs betrachtet skeptisch das rosa
Zeug auf seinem Sandwich und will erst nicht davon probieren. Als
er aber schließlich doch in das Sandwich beißt, werden seine Augen
größer und größer – und er will den ganzen Sommer lang nichts anderes mehr essen.[17] In diesem Moment wird Jamie klar, was für einen
großen Eindruck ein Geschmack, ein Gericht, ein Essen hinterlassen
kann und wie schön es ist, jemandem zu diesem Gefühl zu verhelfen.

Obwohl es für ihn nun mit 14 Jahren schon normal ist, am Wochenende mit einem der Köche im *Cricketers* 100 bis 120 Mahlzeiten zu kochen, ist es (noch) nicht sein großes Ziel, eine Kochkarriere zu starten.

---

15 http://www.the-starr.co.uk/.
16 Das Glossar am Ende des Buches beschreibt die verschiedenen Posten in einer Küche.
17 http://www.guardian.co.uk/theobserver/2002/apr/14/features.magazine47.

Er verdient Geld damit, kann seinem Vater helfen und liebt vor allem den Trubel und das Tempo, das im Pub vorherrscht: Er ist voller Energie, immer in Bewegung, einer dieser Menschen, die ständig mit den Fingern auf etwas herumtrommeln, er ist sehr gesellig und aus all diesen Gründen genau am richtigen Ort.

In den Augen seiner Freunde sind Kochmütze und Kochschürze nicht gerade das, was man cool nennen würde, aber sie lernen Jamies Fähigkeiten schätzen: Nach einer bitteren Enttäuschung über das, was ihnen in einem Hotel beim Skiausflug als ›Continental Frühstück‹ angeboten wird, gewöhnt sich Jamie an, stets einen kleinen Gaskocher und eine kleine Bratpfanne mitzunehmen. So kommen die Teenager in den Genuss, bei gemeinsamen Ausflügen frisch gebratene Eier mit Speck auf dem Hotelbalkon serviert zu bekommen. Wenn man so will, ist dies Jamies erste eigene Küche.[18]

Als in der Schule die Abschlussprüfungen beginnen, kristallisiert sich heraus, was Jamies Lehrern schon längst schwant: Seine akademische Laufbahn wird ihm wohl nicht zu Ruhm und Ehre verhelfen – er besteht lediglich in den Fächern Kunst und Erdgeschichte (und auch das nur durch Zufall, wie er zugibt). Trotzdem kann Jamie seiner Schule auf ewig dankbar sein, denn kurz bevor er mit 16 Jahren abgeht, kommt ein neues Mädchen auf die *Newport Free Grammar School*, das ihn schlichtweg von den Socken haut: Juliette Norton, genannt Jools.

Jools sieht einfach umwerfend aus: Sie hat mandelförmige Augen, brünettes Haar und ein paar hinreißende Sommersprossen auf der Nase. Außerdem hat sie die vermutlich längsten Beine der Welt. Sie ist lustig, sie ist unprätentiös, und vor allem: Sie ist nicht interessiert. Jamies Erfahrungen mit Mädchen beschränken sich zu diesem Zeitpunkt auf einige verzweifelte Dates, zu denen er, da seine Freunde ihn partout nicht begleiten wollten, eine Liste mit Fragen mitbrachte. Außerdem

---

18 Stafford Hildred und Tim Ewbank, Arise Sir Jamie Oliver, Blake Publishing, ISBN-10: 1844547949.

gab es ein paar unbeholfene Zungenküsse mit einem deutschen Mädchen namens Helga, kurzum: Er wusste einfach nichts mit Mädchen anzufangen. Bei Jools stellt er sich nicht viel besser an. Er verzichtet zwar auf den Fragenkatalog, was er aber, abgesehen davon, ihr mit offenem Mund hinterherzustarren, ständig von ihr zu reden und ein bisschen zu sabbern, sonst noch in Sachen Jools unternehmen soll, ist ihm ein Rätsel. Vermutlich wegen der Sache mit dem offenen Mund hält Jools ihn zunächst für einen Vollidioten. Einen netten zwar, aber einen Vollidioten. Zwei Jahre lang ist Jamie so witzig, sympathisch, freundlich und reizend, wie er kann. Erfolglos. Bis zu dem Tag, an dem er einen ziemlich großen Auftritt mit seiner Band hat. Die Band hat inzwischen eine Sängerin, Louise Brannan, die zum einen gut singen kann und zum zweiten sehr gut aussieht. Sie proben fleißig und nennen sich jetzt *Scarlet Division*, die *Dunkelrote Abteilung.*

Es ist ein Bandwettbewerb, und sie werden immerhin Zweiter. Sie spielen den Song »Sweet Friend Of Mine«, und als Jools Jamie am Schlagzeug sieht, ändert sich alles. Sie nimmt ihn zum ersten Mal wirklich wahr. Als sie kurz darauf für einen Modeljob ins Ausland fliegt, nimmt Jamie ihr den Song auf Kassette auf – sechs Monate später werden die beiden ein Paar.

Jamie besucht nun das Westminster Catering College in London, wo er eine dreijährige Ausbildung macht. Als er mit 16 die Schule verließ, war die Frage nach seinen Talenten schnell beantwortet. Mit einem Praktikum im *The Starr* und seiner Erfahrung im *Cricketers* konnte er etwas vorweisen und wurde zum Glück angenommen. Das College und die große Stadt London sind für das Landei Jamie beängstigend und beeindruckend zugleich. Er sieht zum ersten Mal Leute mit Dreadlocks, Leute mit schwarzer Haut und: schwarze Leute mit Dreadlocks.

Nach ein paar Wochen, in denen er seinen Geldbeutel vorsichtshalber nur in einer Bauchtasche mit sich herumträgt, gewöhnt er sich allmählich an die Stadt und beginnt, sie zu mögen. Wer sich im Trubel wohlfühlt, ist hier richtig, und Jamie liebt Trubel. Junge Leute aus den verschiedensten Kulturen prallen mitten im hippen, bunten London aufeinander und an jeder Ecke steht ein berühmtes Restaurant. Noch dazu bekommt Jamie erstmals gute Noten, was eine völlig neue Erfahrung für ihn ist.

Auf dem College erlebt Jamie, wie einer der Auszubildenden die Schule verlassen muss, weil er sie sich finanziell nicht mehr leisten kann. Jamie hat einen ausgeprägten Sinn für Gerechtigkeit. Diese Erfahrung mag mit ausschlaggebend dafür gewesen sein, dass er sich später benachteiligten Jugendlichen zuwendet. Zunächst jedoch weiß er das Privileg, dort zu lernen, noch mehr zu schätzen. Die Erfolgserlebnisse am College spornen ihn an, er kann schneller mit dem Küchenmesser umgehen als alle seine Kameraden, und sogar in die theoretischen Fächer hängt er sich mitsamt seiner Legasthenie so sehr rein, dass er am Ende einen hervorragenden Abschluss vorweisen kann.

Da London ein teures Pflaster ist, bleibt er während der Zeit am Westminster College weiterhin zu Hause wohnen. Er steht jeden Tag um 5.30 Uhr auf und pendelt. (In diesen drei Jahren steht seine Mutter Sally übrigens jeden Tag mit ihm auf und macht ihm Frühstück.[19] Sie ist toll.) Jamie ist begeistert von seinem neuen Leben in London. Wofür er allerdings überhaupt keine Zeit mehr hat, ist die Musik, schließlich arbeitet er neben dem College noch in einer Hotelküche. Und so beschließen Louise Brannan und Leigh, zu zweit in die Welt zu reisen und ihr Glück als Musiker zu versuchen.

Jamies Arbeit in der Hotelküche gibt ihm die Gelegenheit, neue Erfahrungen zu sammeln. Was er unter anderem tatsächlich dort lernt, ist, dass die Streiche in der Küche durchaus das Servicepersonal mit einbeziehen können: Die Restaurantleiterin des Hotels erfährt dies am eigenen Leib. Als sie, wie jeden Tag, in die Küche geht, um sich vom

---

19 Stafford Hildred und Tim Ewbank, Arise Sir Jamie Oliver, Blake Publishing, ISBN-10: 1844547949.

Koch die Schlüssel für den Weinkeller zu holen, bedeutet der Chefkoch Jamie, ihm zwei angewärmte Nieren in die Hosentasche zu stecken, während er selbst sich zwei volle Tabletts schnappt. Als sie ihn nach den Schlüsseln fragt, dreht er sich zu ihr und deutet ihr an, sich die Schlüssel aus seiner Hosentasche zu holen. Die Arme ist davon überzeugt, einem Mann in die Hose zu greifen, der keine Unterhosen trägt und außerdem ein Loch in der Hosentasche hat. Zwar kann sie im ersten Moment gar nicht lachen, irgendwann dann allerdings doch. [20] Wie gesagt, Köche spinnen.

---

20 Aus: Kimberly Witherspoon & Andrew Friedman, Kulinarische Katastrophen Weltberühmter Köche, Berlin Verlag Taschenbuch, ISBN-10: 3833307323.

Jamies erste Schritte
auf dem Küchenparkett

Während Jamie seine Ausbildung macht, ist in Großbritannien (nicht nur kulinarisch) die Hölle los: Nach der Rezession, der Thatcher-Ära, nach Deregulierung und Privatisierung erlebt das Königreich in den 1980er-Jahren einen wirtschaftlichen Aufschwung. Neben zweifelhafter Mode in Neonfarben, Yuppies und Filofax-Kalendern wird das Essen plötzlich zum Symbol für einen neuen Lifestyle. Gefühlte 90 Prozent der Briten arbeiten in der wachsenden Medienbranche und es ist sehr angesagt, die neue Lebensart nach außen zu tragen. Man leistet sich etwas: Designermöbel, Autos und vor allem Restaurantbesuche. Wer etwas auf sich hält, versteht plötzlich etwas von Wein und gutem Essen. Die Restaurants reagieren auf diesen Trend und bieten besseres Essen an: sowohl optisch als auch qualitativ und geschmacklich. Dazu brauchen sie jede Menge Köche, die dieses Essen zubereiten – eine ideale Ausgangssituation für Jungköche.

Wer ein guter Koch werden will, für den ist es unerlässlich, im Ausland zu arbeiten. Einer der Dozenten am Westminster College vermittelt Jamie einen dreimonatigen Arbeitsaufenthalt in einem Hotelrestaurant in Frankreich, dem piekfeinen *Château Tilques*.

Das Restaurant des traditionellen Schlosshotels hat einen ausgezeichneten Ruf, die Anlage ist traumhaft schön, und unser vielversprechender Nachwuchschef kann hier die traditionelle französische Küche kennenlernen. Zunächst aber steht ein sehr einsamer, 18-jähriger blonder

Strubbelkopf in der ehrwürdigen Hotelküche und wird vom Heimweh und den anderen Jungköchen gepiesackt. Kulinarisch repräsentiert das *Château* das Gegenteil von dem, was Jamie in den kommenden Jahren propagieren wird: komplizierte, aufwendige Gerichte, die stundenlange Vorbereitungen erfordern. Dass die Kommunikation in der Küche auf Französisch erfolgt, macht es Jamie, der mit dem englischen Wortschatz schon so seine Probleme hat, auch nicht gerade leicht. (Man darf das so sagen; er nennt sich ja selbst »king of using words in the wrong context«). Er hat Fotos von seiner Familie, dem Pub und natürlich von Jools dabei. Mit allen telefoniert er, sooft es geht. Drei Monate können eine lange Zeit sein.[21]

Vermutlich fließt die Erfahrung mit der noblen französischen Küche in Jamies Entscheidung ein, wo er nach der Ausbildung arbeiten möchte. Im Gegensatz zu vielen seiner Kollegen soll es nicht das *Ritz* sein und auch kein französisches Sternerestaurant. Stundenlang an der perfekten Bechamelsauce zu tüfteln liegt ihm nicht, das hat sich zweifelsfrei herausgestellt. Was Jamie fasziniert, sind die einfachen Dinge wie selbst gebackenes Brot, italienische Pasta und Gerichte mit wenigen Zutaten, die durch ihre simple Qualität überzeugen. Außerdem gibt es das perfekte Restaurant für ihn: das populäre *Neal Street Restaurant*.

Das *Neal Street* ist ein italienisches Restaurant, geführt von Antonio Carluccio, der Gastronom, Geschäftsmann und Küchenchef in einer Person ist.

Carluccio, der als junger Mann Italien verlässt und acht Jahre lang in Hamburg als Weinhändler arbeitet, kommt 1975 als Importhändler nach England. Er übernimmt zusammen mit seiner Frau das *Neal Street Restaurant* von seinem Schwager und macht daraus eines der erfolgreichsten italienischen Restaurants weit und breit. Die Startbedingungen sind nicht schlecht: Es gibt nur wenige Trattorien in der

---

21 Stafford Hildred und Tim Ewbank, Arise Sir Jamie Oliver, Blake Publishing, ISBN-10: 1844547949.

Gegend, und diese orientieren sich am (vermeintlichen) Geschmack der Briten – Ketchup und Mayonnaise stellen die Hauptzutaten für Saucen dar.

Carluccio setzt auf frisch zubereitete italienische Hausmannskost, und – Weinhändler hin oder her – von gutem Essen versteht er etwas. Er ist im Piemont aufgewachsen, und die dortige Küche ist für viele die beste Italiens. Besonders typisch sind Wild-, Schmor- und Pilzgerichte, die weißen Trüffel von Alba stammen aus dieser Region, genau wie der Asti Spumante mit seinem leichten Muskatgeschmack. Nicht umsonst wurde hier die Slow-Food-Bewegung gegründet: Ein Menü in einem piemontesischen Restaurant hat um die acht Gänge, es können aber auch mal doppelt so viele sein.[22] Wunderbare Weine wie der Barolo, Barbera oder Barbaresco, der legendäre Grappa de Levi und beliebte Süßspeisen haben ihren Ursprung im Piemont.

Carluccio, der schon als kleiner Junge mit seinem Vater die Hügel des Piemont nach Pilzen durchsuchte, findet sogar im Londoner Umland Speisepilze, die in Großbritannien zu diesem Zeitpunkt noch völlig unbekannt sind.

Das *Neal Street Restaurant* wird binnen kurzer Zeit ungemein populär. Unter anderen wissen so illustre Gäste wie Prince Charles, Nicole Kidman und Elton John Carluccios Konzept zu schätzen. Den ganz großen Coup aber landet Carluccio mit *Carluccio's Caffè*, einem wunderschönen, italienischen Laden, in dem man authentische italienische Delikatessen und Weine sowohl kaufen als auch verzehren kann. Innerhalb von zwanzig Jahren eröffnet eine ganze Reihe *Carluccio's Caffès* in ganz England. Daraufhin verleiht die italienische Regierung Carluccio aufgrund seiner »Dienste um das italienische Essen« den Verdienstorden der italienischen Republik. Was auch nicht zu verachten ist: Ein

---

22 Slow Food ist ein Begriff, der von einer gleichnamigen Organisation als Ausdruck für genussvolles, bewusstes und regionales Essen geprägt wurde und eine Gegenbewegung zum Trend des uniformen, globalisierten und genussfreien Fast Food bezeichnet. Weiß: Wikipedia.

Unternehmen aus Dubai kauft ihm 2010 die Kette ab und macht ihn damit zum Multimillionär. Carluccio taucht außerdem in einer eigenen Fernsehreihe auf und schreibt mit großem Erfolg Kochbücher.

In Carluccios Restaurant *Neal Street* arbeitet sein Kumpel Gennaro Contaldo. Contaldo stammt aus einem kleinen Fischerdorf an der Amalfiküste und wanderte mit 20 Jahren nach England aus, wo er ebenfalls handelte – nicht mit Wein, sondern mit Antiquitäten. In den frühen 80ern fängt er bei Carluccio an und ist für viele Jahre dessen Chefkoch. Die beiden Autodidakten verbindet ihr Humor, die Liebe zu gutem Essen und zum italienischen Wein sowie eine bemerkenswerte südländische Sturheit – nach einem Streit werden sie zehn Jahre lang nicht mehr miteinander sprechen.

Der 19-jährige Engländer Jamie wird im *Neal Street Restaurant* als Pâtissier angestellt und ist somit für Desserts, Gebäck und Brot zuständig. Jamies sonnige, aufgeschlossene Art, seine Begeisterung für das Kochen und sein Eifer nehmen Gennaro gleich für ihn ein:

»So, wie ich ihn sah, dachte ich, er muss der glücklichste Mensch der Welt sein«, erinnert er sich später an diesen Moment.

Dies war nicht nur der Beginn einer langen Geschäftsbeziehung, sondern auch einer wunderbaren Freundschaft, die bis heute anhält. Morgens um vier, halb fünf, lange bevor Jamies Schicht eigentlich beginnt, steht er schon neben Gennaro in der Küche, um von ihm zu lernen. »And then I started to love him«, sagt Gennaro.[23] Jamie wiederum nennt Gennaro liebevoll ›London Dad‹. Als Gennaro eines Tages von einem Fernsehdreh mit Carluccio zurück in die Küche kommt, um zu arbeiten, sagt Jamie: «Du siehst müde aus, Großer. Eines Tages werde ich berühmt sein, ich werde viel Geld machen und Restaurants im ganzen Land, in der ganzen Welt aufmachen, und du sollst dabei sein.«[24]

---

23 Stafford Hildred und Tim Ewbank, Arise Sir Jamie Oliver, Blake Publishing, ISBN-10: 1844547949.
24 Frei übersetzt aus: http://www.thisisnottingham.co.uk/City-gets-ready-themaster-chef-invasion/story-12179820-detail/story.html.

Jamies erste Schritte auf dem Küchenparkett

Wie schnell dieser Traum in Erfüllung gehen wird, ahnt zu diesem Zeitpunkt keiner der beiden.

Zufällig arbeitet zur gleichen Zeit ein junger Koch namens Tim im *Neal Street Restaurant*. Jamie erinnert sich an ihn: «Der Typ aus Deutschland, der jede Woche eine andere Haarfarbe hatte. Schwarz, weiß, grün, blond. Am liebsten mochte ich pink.« Dem Deutschen ist wiederum aus dieser Zeit lebhaft in Erinnerung, dass er Jamie gerne das eine oder andere Sandwich klaute – bis Jamie auf eines seiner Brote extrascharfe Chilipaste schmierte: Tims Mund brannte zwei Tage lang.[25]

Das eigene Essen mithilfe von geschmacklicher Schärfe zu verteidigen ist eine Spezialität von Jamie, der es auf den Tod nicht ausstehen kann, wenn ihm andere Köche etwas von der Station klauen. Tim Mälzer hatte insofern noch Glück. Wesentlich schlimmer erwischt es einen jungen Australier: Der stibitzt Kekse und Waffeln, probiert Eiscremes und löffelt ungefragt Jamies Saucen. Jamie, der Dessertkoch, püriert daher ein paar scharfe sizilianische Chilischoten zu einem Mus, das er dem Australier auf etwas Eis als »toskanisches Parfait« probieren lässt. Danach ist der Australier den Rest des Abends damit beschäftigt, mit Milch zu gurgeln, und Jamie muss seine Arbeit mit übernehmen. Dafür bleiben seine Desserts von diesem Tag an unangetastet.[26] Ihre Freundschaft hält leider nicht bis heute an.

Dank seines Gehalts als angestellter Koch kann Jamie auch endlich aufhören zu pendeln und nach London ziehen. Die Küche seines Einzimmerapartments ist kleiner als einen Quadratmeter, sodass Jamie die Kochtöpfe mit einem Flaschenzug unter die Decke ziehen muss. Sie befindet sich in Hampstead – und das Beste an der Wohnung ist: Jools wohnt bei ihm. Jools arbeitet in London als Model und jobbt als Bedienung. Später wird sie bei BBC als Redaktionsassistentin arbeiten,

25 http://www.bild.de/unterhaltung/tv/tim-maelzer/superkoeche-im-interview-21352730.bild.html.
26 Kimberly Witherspoon & Andrew Friedman, Kulinarische Katastrophen Weltberühmter Köche, Berlin Verlag Taschenbuch, ISBN-10: 3833307323.

aber Karrierepläne oder sonstige berufliche Ambitionen hat sie keine, was Jamie nicht verstehen kann. Da für ihn die Welt des Kochens so immens wichtig ist und einen großen Teil seines Lebens ausmacht, vermutet er zunächst, dass es lediglich gilt, das Richtige für sie zu finden. Er ist der Meinung, sie verpasse etwas, und er ermutigt sie, alles Mögliche auszuprobieren. Es dauert einige Zeit, bis Jamie akzeptiert, dass sie ganz anders ist als er. Das Einzige, was Jools wirklich unbedingt will, seit sie ein kleines Mädchen ist: einen Mann heiraten, den sie liebt, und Kinder mit ihm bekommen. Und zwar möglichst vier Jungs.[27] Als Jamie das schließlich einsehen kann, empfindet er es als »süß und herrlich erfrischend, besonders in London«.[28]

Noch ist ihm nicht klar, was seine nahe Zukunft bringt und was für ein großes Glück er damit hat, dass Jools genau so tickt. Wer weiß, ob ihre Beziehung eine Zukunft gehabt hätte, wenn sie mit der gleichen Passion wie Jamie eine berufliche Karriere verfolgt hätte. Ihm ist auch nicht klar, dass die Rezepte, die er sich notiert, wenn er mit Gennaro in der Küche arbeitet, ein paar Jahre später Teil eines Millionenbestsellers sein werden. Noch ist Jamie ein hart arbeitender Koch – und für Jools ein liebevoller Freund: Bevor er in aller Frühe die Wohnung verlässt, packt er die Zutaten für ein Abendessen für Jools in ein Alufoliepäckchen ein und schreibt dazu, wie lange sie es bei wie viel Grad im Ofen lassen muss. Jools ist nämlich keine große Köchin. »Er war der perfekte Freund«, erinnert sie sich.[29] Tatsächlich verstehen sich die beiden so gut und sind so glücklich miteinander, dass Jamie während eines Besuchs bei Jools' Eltern den Vater um ihre Hand bittet. Jools' Vater Maurice leidet seit Langem an den Auswirkungen eines Schlaganfalls und ist Jamie sehr zugetan. Jamie ist einer der wenigen, die ihn, einen ehemals erfolgreichen Börsenmakler, wie einen ganz normalen Menschen behandeln.

---

27 Jools Oliver, Minus Nine to One: The Diary of an Honest Mum, Penguin Verlag, ISBN-10: 0141026510.
28 http://www.guardian.co.uk/theobserver/2002/apr/14/features.magazine47.
29 http://www.penguin.co.uk/static/cs/uk/0/minisites/jamieoliver/interviewjools.html.

Ein bisschen jung seien die beiden, findet der Vater, schließlich ist Jamie erst 19 und Jools gerade mal 20 – aber seinen Segen gibt er nur zu gerne. Mit dem Antrag selbst muss Jamie jedoch noch etwas warten – er kann sich noch nicht mal einen Verlobungsring leisten.

Während seiner Zeit im *Neal Street Restaurant* fällt Jamie ein Kochbuch in die Hände, das ihn völlig fasziniert: *The River Café Cook Book*, geschrieben von den Betreiberinnen des *River Café* in London: Ruth Rogers und Rose Gray. Es ist voller Rezepte, wie Jamie sie liebt, und entspricht genau seiner Auffassung von guter Küche: italienische rustikale Gerichte, die durch die Qualität der Zutaten und die Berücksichtigung der Saisonen zu Delikatessen werden. Außerdem ist *The River Café* ein ganz besonderes Restaurant.

Die ehemalige Lagerhalle aus braunem Backstein mit ihren blauen Fenstern wurde Anfang der 80er-Jahre von Lord Richard Rogers umgebaut.

Rogers ist, zusammen mit seinem Studienkollegen Norman Foster, Mitbegründer der Industrieästhetik in der Architektur und berühmt für Gebäude in aller Welt, wie unter anderem für das Centre Georges Pompidou in Paris, den Europäischen Gerichtshof für Menschenrechte in Straßburg oder den Millenium Dome in London. Rogers ist es auch, der den Zuschlag für das Three World Trade Center bekommt, einen jener Wolkenkratzer, die im Rahmen des neuen World-Trade-Center Komplexes entstehen.

Richard Rogers macht die Lagerhalle am Nordufer der Themse im Stadtteil Hammersmith zum Sitz seines Architekturpartnerbüros in London, wobei das Erdgeschoss ein Restaurant beherbergen soll. Seine Frau, Ruth Rogers, Grafikdesignerin und begeisterte Hobbyköchin, übernimmt diese Aufgabe zusammen mit der 50-jährigen Rose Gray, einer langjährigen Freundin des Paares. Rose ist ebenfalls keine professionell ausgebildete Köchin, sondern hat an der Kunsthochschule studiert. Sie kann allerdings neben ihrer Leidenschaft für die italienische Küche auch ein Praktikum in Carluccios Restaurant vorweisen. Mal abgesehen von zwei erfolgreichen Firmen, die sie aufgebaut hat: dem Verkauf von selbst gemachten Crêpes in Nachtclubs (»*Crepes were the most perfect thing to eat if you were stoned*«[30]) und einem Lebensabschnitt in der Toskana, wo sie sich an ihrem ersten Kochbuch versuchte. Die beiden Frauen bekommen Unterstützung von Richards Mutter Dada, einer gebürtigen Italienerin, die Rose, Ruth und Roger schon zu deren Studienzeiten bekocht hat. Was mit lediglich acht Tischen beginnt, wird schnell zu *dem angesagten* Restaurant in London. Es ist die Zeit, in der die ehemaligen Hippies, die nun doch Besserverdienende geworden sind, scharenweise in die Toskana fahren, edle Weine genießen, die italienische Lebensart hochhalten und gute Küche zu schätzen wissen (und sie sich auch leisten können). Jamie bezeichnet das *River Café* als »Mekka«, als das Restaurant, das den Grundstein für »sexy, simple« und »cool food« in England begründete.[31]

Das *River Café* trifft den Nerv der Zeit. Es ist modern gestaltet, und es ist die Kantine des berühmtesten Architekturbüros der Stadt. Die Küche ist zum Gastraum hin offen, was damals eine Sensation ist und eine geschäftige Atmosphäre schafft. Die Menüs ändern sich zweimal täglich, zum Mittags- und zum Abendgeschäft, entsprechend den frischen Zutaten, die geliefert werden. Der Geschmack von echten, sonnengetrockneten Tomaten, Olivenöl extravergine, frischer Polenta und Bruschetta haut die Briten von den Socken. Auch der Premierminister und jede Menge Prominenz des In- und Auslandes sind angetan. Das Restaurant wächst schnell auf seine heutige Größe an: Die gesamte Halle ist voller Tische, über die ganze Länge zieht sich der Kochtresen mit einem riesigen, weißen, runden Holzofen am Ende. Und im Sommer werden Tische auf die Terrasse und in den Garten gestellt. Die Einrich-

---

30 http://www.guardian.co.uk/lifeandstyle/2005/jun/12/foodanddrink.features5.
31 http://www.90plus.com/river-café-london.

tung ist genauso unprätentiös wie das Essen: kein Schnickschnack weit und breit.

Die Besitzerinnen nutzen die Popularität des Restaurants und ihr Wissen um Gestaltung und Design.1995 erscheint das *The River Café Cook Book*. Anders als auf allen anderen Kochbüchern seiner Zeit ist auf dem Cover kein appetitliches Gericht abgebildet: Es ist schlicht blau, der Titel in großen gelben Buchstaben. Noch im Jahr seines Erscheinens gewinnt es den Glenfiddich-Preis für das *Kochbuch des Jahres* und den Preis *Buch des Jahres* von BCA Illustrated. Eine Fernsehreihe – und noch mehrere Bücher – folgen.

Auch wenn die Italophilie etwas nachgelassen hat, ist das Restaurant bis heute ein exquisites, beliebtes Restaurant. Nach dem Tod von Rose Gray im Februar 2010 führt Ruth Rogers das *River Café* nach einer 23 Jahre dauernden Partnerschaft alleine weiter: »Wie eine Alleinerziehende, die sich um 70 Kinder kümmert.«[32]

Als Jamie das Kochbuch des *River Café* in den Händen hält, ist er begeistert. Was er dort sieht, vereint die Weisheit seines Vaters über Frische und Qualität und die italienische Küche Carluccios zu etwas, das ihn magisch anzieht. Die Reduzierung auf das Wesentliche, das geschmacklich Herausragende durch Qualität statt durch komplizierte Küche zu schaffen, das ist der Geist der Zeit. Eine derartig essenzielle Bewegung gab es im kulinarischen Königreich vermutlich das letzte Mal, als die Kartoffel die Insel erreichte. Obwohl sich Jamie im *Neal Street* wohlfühlt und obwohl er sehr an Gennaro hängt, will er unbedingt ein Rad im Getriebe dieser Bewegung werden. Da gehört er hin, das merkt er, es ist wie eine logische Weiterführung seines Weges.

Und so kommt es, dass Jamie, obwohl er erst ein Jahr im *Neal Street* arbeitet, das *River Café* mit Anrufen bombardiert, um ein Vorstellungsgespräch zu bekommen. Ein anderer hätte vielleicht aufgegeben, aber

---

32 http://www.guardian.co.uk/lifeandstyle/2010/aug/15/ruth-rogers-mariella-frostrup.

Jamies Überzeugung, dass sich alles erreichen lässt, wenn man sich nur genug anstrengt, geht auf: Nach vielen erfolglosen Telefonaten darf er sich vorstellen – und wird prompt genommen. Er zieht mit Jools in ein Kellerloch in Hammersmith (die Wohnungssituation in London ist schon zu dieser Zeit angespannt) und stellt schnell fest, dass die Küche des *River Café* in jeglicher Hinsicht anders ist.

Während in den meisten, männlich dominierten Profiküchen ein rauer Ton herrscht, Machogehabe, Brüllen und Einschüchterung zum Arbeitsalltag gehören, bestimmt hier die enge, freundschaftliche Bindung zwischen den beiden Küchenchefinnen den Umgang miteinander. Ruth Rogers und Rose Gray schufen sich eine Küche, in der sie selbst gerne arbeiten wollten: »Ein Ort der Hoffnung, nicht der Angst«, beschreibt ihn Ruth Rogers.[33]

Die Atmosphäre ist gelöst und familiär, trotz des hohen professionellen Anspruchs. Nicht wenige Mitarbeiter sehen in Ruth und Rose zwei Mutterfiguren. Beide versuchen, das Beste aus ihren Angestellten herauszuholen, sie zu fördern und anzuspornen, denn nur wer sich etwas zutraut, so ihre Überzeugung, ist zu Höchstleistungen fähig. Wer im *River Café* arbeitet, gewinnt an Selbstvertrauen. Das Bewusstsein, Teil von etwas wirklich Besonderem zu sein, schafft zwischen den Angestellten ein starkes Gemeinschaftsgefühl. Es herrscht kein Konkurrenzdenken im *River Café*, weder zwischen Ruth und Rose noch zwischen den Köchen. Sie alle sind wie eine Familie lustiger, junger und hoch motivierter Leute mit einer Leidenschaft für das Kochen, die mit Spaß und Fleiß daran arbeiten, sich selbst zu übertreffen – und nicht die anderen.

Trotz aller Liebe und aller Freundschaft, die in der *River-Café*-Familie herrscht, werden natürlich auch hier Streiche gespielt: Während eine Fotografiestudentin, die im *River Café* als Bedienung arbeitet, beschäftigt ist, holen Jamie und seine neuen Küchenkumpel ihren Fotoapparat

---

33 http://www.thelondonmagazine.com/Stories/Ruth-Rogers.html?PageNumber=2.

aus dem Spind und fotografieren heimlich gegenseitig ihre 16 blanken Hintern. Ein Riesenspaß, vor allem für die Angestellten des Profifotolabors, in das die Arme ihren Film zum Entwickeln gibt. Wie in jeder Familie ärgert einen eben immer der kleine Bruder.

Einem Insiderwitz zufolge gibt es eine Art *River-Café*-Antenne, die spezielle Köche anzieht: lustig, kochfanatisch und reif für etwas Neues. Kein Wunder, dass Jamie, inzwischen 21, dort landete.

Ruth und Rose sind überzeugt, dass die Art und Weise, wie Leute behandelt werden, immer auch die Qualität ihrer Arbeit beeinflusst. Dementsprechend achten sie darauf, dass niemand zu viele Doppelschichten macht oder zu wenig freie Tage bekommt. Es wird an jedem Tag für alle frisch gekocht, und: Sie schicken ihre Mitarbeiter regelmäßig nach Italien. Jamie reist mitsamt dem Team 1997 nach Florenz, um bei der Olivenernte für das neue Öl dabei zu sein, Weinberge zu besichtigen und um sich durch die Restaurants zu probieren. Kein Wunder, dass die Belegschaft glücklich ist.

Die betriebsame Stimmung in der Küche schwappt über den Tresen, der die Küche vom Gastraum trennt, direkt ins Restaurant und trägt dazu bei, dass dieses Gasthaus ein entspannter Ort ist. Bis damals waren hochklassige Restaurants steril und gespenstisch still, man saß sehr aufrecht und hatte Angst, den falschen Wein zu bestellen. In den Restaurants hingegen, in denen man sich wohlfühlen konnte, wo es laut war und gelacht wurde und die Atmosphäre großartig war, war das Essen nicht erstklassig. Genau das änderten Ruth und Rose, unter anderem durch die offene Küche. Heute ist eine solche Eventküche nichts Neues, aber damals war sie der letzte Schrei. Für die Köche ist sie wie eine Bühne, und das stete Klappern und die Bewegung schaffen ein lässiges Ambiente.

1996, in dem Jahr, als Jamie anfängt, im *River Café* zu arbeiten, kürt das Magazin *The New Yorker*, für viele das intellektuellste Stadtmagazin der Welt, das *River Café* zum besten italienischen Restaurant weltweit,

Italien inbegriffen. Für Ruth Rogers aber ist das Schönste, das je über das *River Café* gesagt wurde, dass ihr Restaurant eine weitere italienische Provinz darstelle. Ein Jahr später erhält die »Provinz« *River Café* seinen ersten Michelin-Stern, den sie bis heute behalten hat.

Jamie passt mit seinem sonnigen Gemüt perfekt in das Team, er lernt jede Menge, wird inspiriert, ist Teil des *River-Café*-Spektakels, und zu allem Glück kehren auch Louise und Leigh von ihrer Reise zurück nach London. Es gibt sie wieder: *Scarlet Division*. Die Band ist zurück, und auch privat geht es bei Jamie voran: Er kann sich nun endlich den Verlobungsring leisten, den er Jools so lange versprochen hat.

Jamie wird *The Naked Chef*

Das regelmäßige Erscheinen verschiedenster Prominenter im *River Café* und sein Ruf als hipper Lifestyle-Spot locken Reporter und Fernsehen in das Restaurant. BBC 2 meldet sich an, um eine Dokumentation mit dem Titel *Christmas at the River Café* zu drehen. Ein Team soll das Treiben in der Küche und im Gastraum filmen, Ruth Rogers und Rose Gray interviewen und den Zuschauern jeder Einkommensklasse einen Blick in das angesagteste Restaurant der Stadt ermöglichen.

Am Tag der Dreharbeiten hat Jamie eigentlich frei. Aber wie so oft springt er für einen Kollegen ein und ist am Hacken, Schnipseln und Schneiden, während das Fernsehteam Licht aufbaut und Kabel am Fußboden festklebt. Jamie ist von dem Fernsehteam, ebenso wie von prominenten Gästen, gänzlich unbeeindruckt. Die wirklichen Stars und Sternchen sind für ihn die weißen Trüffel, eben aus Italien eingetroffen, die fangfrischen Meeresfrüchte und die duftenden Kräuter. Die Dreharbeiten finden bei laufendem Betrieb statt, gefilmt werden die verschiedenen Stationen in der Küche, die Köche bei der Arbeit oder Ruth, die mit dem Service spricht. Lauter kleine Puzzlestücke, die später zu einer Dokumentation zusammengeschnitten werden sollen. Auch bei Jamie bleibt das Team stehen, filmt ihn bei dem, was er immer noch macht, nämlich Hacken, Schnipseln und Schneiden, und stellt ihm nebenbei Fragen über das Wie und Wieso. Jamie verschwendet in diesem Moment keinen Gedanken daran, wie er sich am besten im Fernsehen präsentieren sollte: Er ist schlicht im Stress. Deswegen antwortet er stets freundlich und fröhlich, wie es seine Art ist, aber eben nebenher. Dieses Beiläufige wirkt nicht gestresst, sondern lässig und selbstbewusst – ganz anders als die meisten Leute, die normalerweise vor einer Fernsehkamera unsicher werden und anfangen zu stottern. Das sieht der Regisseur auch so: Am Ende wird fast keine der Sequenzen, in denen Jamie zu sehen ist, aus der endgültigen Version herausgeschnitten. Jamie nimmt die Dreharbeiten nicht weiter ernst, und als *Christmas at the River Café* 1997 gesendet wird, sagt er Familie und Freunden Bescheid, damit sie gemeinsam über den Fernsehauftritt lachen können. Er hat nicht den Hauch einer Ahnung, dass diese Ausstrahlung sein Leben verändern wird.

Am Tag nach der Ausstrahlung glüht die Telefonleitung des *River Café*: Vier Fernsehproduktionen wollen Jamie zu einer Zusammenarbeit überreden. Zunächst glaubt er, es seien seine Freunde, die ihn veralbern wollen. Doch als Jamie erneut am Telefon steht und seine Kollegen ihn giggelnd mit Essen bewerfen (Köche, man weiß ja Bescheid), hört er Wörter wie »Kommission« und »Pilotsendung«, die im Sprachschatz seiner Freunde garantiert nicht vorkommen.[34]

Die Frau, die diese Wörter benutzt, heißt Patricia Llewellyn. Die Produzentin der Firma Optomen ist spezialisiert auf Kochsendungen und hat kurz zuvor die sehr erfolgreiche Reihe *Two Fat Ladies* produziert: Zwei beleibte, exzentrische Köchinnen, die in einem Motorrad mit Beiwagen durch Großbritannien fahren und mal eine Schule, mal das Militär, mal einen gesamten Poloklub oder ein Kloster mit traditionell britischer Küche beglücken. Immer viel, immer deftig und auf keinen Fall vegetarisch. Die Serie ist sehr beliebt (sie ist zu ihrer Zeit die Lieblings-TV-Serie von Queen Mom). Der herbe Charme der Ladys kommt großartig an, aber Pat Llewellyn geht seit geraumer Zeit eine Idee im Kopf herum, die sie nicht loslässt: Es müsste doch eine Kochsendung zu

---

34 Frei aus: Stafford Hildred und Tim Ewbank, Arise Sir Jamie Oliver, Blake Publishing, ISBN-10: 1844547949.

machen sein, die junge, hippe Großstädter anspricht. Sie will die Leute erreichen, die keine Ahnung vom Kochen haben, aber in einem Alter sind, wo es gesellschaftsmäßig ganz hoch im Kurs steht, Freunde nach Hause zum Essen einzuladen. Leute, die vor allem und unter gar keinen Umständen freiwillig eine der »Man-nehme-Kochsendungen« ansehen würden.

Es ist eine Idee, die hervorragend in die Zeit passt. Da das Essen eine immer größere Rolle im Leben der Briten spielt und zugleich durch Frühstücks- und Tagesfernsehen jede Menge Sendezeit zur Verfügung steht, werden Kochsendungen für alle Geschmäcker produziert. Zumindest für fast alle.

Die beachtliche Menge an jungen, gut verdienenden Pärchen, die auch endlich die Küche in ihrer Wohnung nutzen wollen, will Pat mit einem jungen Koch abfangen, der genau das Lebensgefühl der Zielgruppe trifft. Sie castet zu diesem Zweck über zwanzig Leute, alles brillante Köche, aber in der Interaktion mit der Kamera sind sie nicht überzeugend. Als Pat die Sendung über das *River Café* sieht und Jamie beim zwanglosen Scherzen mit der Kamera beobachtet, ist ihr klar: Der ist perfekt. Genau so müsste der Star ihres neuen Formates sein.

Als die beiden sich in einem Café treffen, ist Jamie aufgeregt und redet ohne Punkt und Komma, und zwar über das, was er am besten kennt: über das Kochen, das Essen und seine Auffassung von guter Küche. Pat findet ihn umwerfend. Besonders gefällt ihr der Kontrast zwischen seinem jungen Gesicht und seinen ramponierten Kochhänden – auf die Jamie, wie jeder Koch, stolz ist wie auf eine Trophäensammlung.

Die Pilotsendung wird zum totalen Flop. Jamie spricht direkt in die Kamera und achtet auf seine Wortwahl – was gestelzt und unnatürlich wirkt. Pat und Jamie ist klar, dass es laufen muss wie zuvor im *River Café*. Jamie muss wieder in Echtzeit kochen und vor allem muss er reden, wie ihm der Schnabel gewachsen ist. Um das zu erreichen, will Pat ihm zwischendurch aus dem Off ein paar Fragen stellen, und so würden sie die gleiche lockere Stimmung hinbekommen wie in der Aufzeichnung im *River Café*.

Jamie macht sich Gedanken zu dem Konzept, bringt einige wichtige Aspekte mit ein, und es ist wie bei allem, das Jamie anpackt: Wenn er sich auf etwas einlässt, dann beschäftigt er sich intensiv damit, macht das Beste daraus, und zwar genau so, wie er es für richtig hält. Er ist keiner, der sich mit der Aussicht auf Fernseherfolg dazu verleiten lässt, etwas zu tun, wovon er nicht überzeugt ist. Hätte das Konzept von Pat anders ausgesehen und hätte Jamie sich anders präsentieren müssen, als er ist, wäre der *Naked Chef* zweifellos genauso in die Hosen gegangen wie seine Pilotsendung. Jamie kann nur sich selbst zeigen. Gerade das macht ihn aus, und Pat erkennt diesen Vorzug.

Jamie kann seine Vorstellung von gutem Essen einbringen. Das, was er bis jetzt bei seinem Vater, bei Gennaro und im *River Café* gelernt hat und wovon er überzeugt ist:

– gute Qualität und
– die Rezepte auf das Wesentliche reduzieren,

dann ist Kochen gar nicht schwer!

Diese Mission liegt ihm wirklich am Herzen: Jeder kann kochen. Es gibt jede Menge Möglichkeiten, unprätentiös, schnell, simpel und lecker zu kochen, »indem man bei den Rezepten einfach den Bullshit weglässt«. Man braucht nicht hundert Zutaten, keine exotischen Gewürze und schon lange kein Talent. Seine Begeisterung darüber, wie einfach die Zubereitung von wirklich fantastischen Gerichten sein kann, will er unter die Leute bringen. Unbedingt.

Jamie ist überzeugt, dass die Leute, wenn sie nur erst erkennen, wie leicht es ist, gutes Essen zuzubereiten, bald selbst mit Spaß am Herd stehen werden. Eine Begeisterung zu teilen ist eben schöner, als sie nur selbst zu empfinden.

Pat fügt als Produzentin den trendigen Lifestyle hinzu. Jamie soll im Fernsehen genau das Leben führen, das die Zielgruppe führt beziehungsweise gerne führen würde. Jamies eigene Küche zu Hause als Drehort würde das Ganze noch authentischer machen, es gibt nur ein Problem: In das Kellerloch in Hammersmith passen die ganzen Kameras nicht hinein – geschweige denn in die winzige Küche –, und nach Lifestyle-Traum sieht es dort auch nur bedingt aus.

Die Produktion sucht also eine schicke Maisonettewohnung im Londoner Osten (2 Chequer Street, Old Street, London) mit einem roten Ledersofa und einer offenen Küche mit Kochinsel, wo Jamie seine Kumpels, die schöne Jools und ihre Freundinnen oder seine reizende Familie vor der Kamera bekochen kann.[35] Er bekommt eine coole Strubbelfrisur verpasst und einen flotten, silbernen Roller vor die Tür gestellt, mit dem er zu malerischen Geschäften und Märkten fährt oder Freunde besucht. Es gibt einen tollen alten VW-Bus-Oldtimer, mit dem er seine Freunde zum Surfen abholt, und im Sonnenuntergang trinken alle Corona-Bier. Er spielt sogar Schlagzeug in einer Band – es ist zu schön, um wahr zu sein.

Selbstverständlich ist all das gecastet, präpariert und vorbereitet, aber nachdem das Konzept um Jamies Person herum aufgebaut ist, hat man nie das Gefühl, es wäre nicht echt. Er rutscht auf dem Treppengeländer der Wendeltreppe von der Küche zur Haustür hinunter, um seine Freunde reinzulassen, und sogar Tim Mälzer hat einen Gastauftritt in dieser Wohnung: der ehemalige Arbeitskollege, der aus Deutschland zu Besuch kommt. Blond, schlank und mit Zungenpiercing.

Die Sendung unterscheidet sich radikal von allem anderen, was das Kochfernsehen zu dieser Zeit hergibt, und sie ist perfekt durchdacht: Die Kameraführung ist wackelig wie eine Handkamera, die sich schnell

---

35 Bilder der Wohnung sind übrigens noch auf http://blog.findaproperty.com/renting-letting/rent-jamie-olivers-house/ zu sehen. Zu vermieten ist sie allerdings nicht mehr.

jemand geschnappt hat und mit der er drauflosfilmt. Dieser Eindruck wird noch dadurch verstärkt, dass Jamie nicht direkt in die Kamera spricht, sondern mit Pat, die seitlich dahinter steht und für den Zuschauer zwar nicht zu sehen ist, die aber Zwischenfragen stellt und der Jamie immer wieder etwas zum Probieren reicht. Als wäre es eine lockere Konversation, und einer kocht eben dabei.

Der Titel *The Naked Chef* (Der nackte Küchenchef) ist perfekt gewählt. Es klingt ein bisschen sexy, liefert jedem Journalisten sofort eine Frage (Sie sind ja angezogen?) und entspricht Jamies Küchenphilosophie. Denn *Naked* bezieht sich natürlich nicht auf Jamie, sondern auf das Essen, das Jamie als »*stripped down to its essentials*« beschreibt, also reduziert auf das Wesentliche. Das mit dem *Strip* (eine Abkürzung für Striptease) lieferte übrigens einem findigen BBCler die Idee für den Titel, der *Naked Chef* war geboren – und Jamie ist zunächst entsetzt. Es klingt für ihn wie ein Name eines Pornostars. »Was wird nur meine Mutter denken?«, ist das Erste, was ihm durch den Kopf schießt. Er freundet sich aber innerhalb kürzester Zeit mit dem Titel an. Klingt ja auch irgendwie cool.

Die Kamera verfolgt alle schnellen Bewegungen von Jamie. Von dem könnte man meinen, er sei auf der Flucht. Während der Einleitung zu jeder Episode ist er immer in Eile, muss irgendwohin, jemanden abholen, verpasst gerade fast den Bus und rutscht die Wendeltreppe auf dem Geländer hinunter – bis er dann endlich mal in der Küche steht. Er erklärt, während er wegen ein paar letzten Zutaten durch den Supermarkt hetzt, im Café seinen Cappuccino austrinkt oder im Aufstehen den Stuhl zurückschiebt. Der VW-Bus fährt vorbei, oder Jamie braust auf dem silbernen Roller durch die Stadt, London fliegt vorbei, oder alle rennen zum Strand. Die Schnitte sind schnell, und es entsteht eine sehr dynamische, lebendige, flotte Atmosphäre.

All das passt perfekt zu Jamies unbeschwerter, kumpeliger Art, seinem Essex-Slang und seiner unkomplizierten Art zu kochen. Er selbst ist zwar nicht hektisch, aber ein Macher, der schnell agiert. Und unkonventionell. In seiner Küche gibt es statt Spritzbeuteln Plastikbeutel mit abgeschnittener Ecke, der Messbecher wird durch »eine Handvoll« ersetzt, und die Verpackungen werden mit den Zähnen aufgerissen: »kein großes Rumgefummel« eben. Manchmal ist es der Produzentin sogar einen Tick zu rustikal: Als Jamie Gewürzgurken klein schneidet und in eine der Gurken beißt, legt er die angebissene Gurke zunächst zurück zu den anderen aufs Schneidebrett – bis er ein aufgeregtes Winken im Hintergrund wahrnimmt und blitzschnell reagiert: Er steckt die angebissene Gurke einfach Tim Mälzer in den Mund.

Die Gerichte sollen einfach sein und rustikal, interessant und leicht, mit viel Kräutern statt dicker, fettiger Saucen, die man lange rühren muss. Alles eingebettet in Geschichten, scheinbar aus dem Leben von Jamie: ein Grillen mit den Freunden am Strand, wobei der Grill eine halbierte, liegende Blechtonne ist, das Bier im kalten Wasser im Plastikeimer danebensteht und die Kumpels nach dem Surfen spontan zum Mithelfen animiert werden. Er reißt die Kräuter mit den Händen in Stücke (unkompliziert), die Teller werden auf dem Surfboard abgestellt, und coole Musik erklingt aus dem Off. Man möchte sich direkt dazusetzen.

Zu Besuch bei seinen Eltern, packen die ein paar Geschichten aus seiner Kindheit aus, während er für alle kocht und man Einblicke in Küche und Esszimmer von Trevor und Sally Oliver bekommt. Jamie bekocht zu Hause Jools und ihre Freundinnen nach einer durchgefeierten Nacht, wobei er »schnell« auf der Heimfahrt im 24-Stunden-Supermarkt noch ein paar Sachen besorgt. Die sieben Mädels campen nach dem Essen alle mit Schlafsäcken im Wohnzimmer, und irgendwie hätte man selbst gerne so ein Leben: lustige Freunde, die permanent zur Tür hereinschneien, Jools, eine reizende Familie, diese Unbeschwertheit und, was die männlichen Zuschauer angeht, sieben hübsche Frauen im Wohnzimmer liegen. Alle Folgen, und das ist das Schönste, enden mit dem, was an der ganzen Kocherei wirklich wichtig ist: alle sitzen zusammen, essen gemeinsam und haben Spaß.

Als die Sendung am 14. April 1999 anläuft, wird sie über Nacht zum Riesenerfolg. Pats Plan, diejenigen Zuschauer zu gewinnen, die bis jetzt im Traum nicht daran dachten, eine Kochsendung anzusehen, geht voll auf. Es ist etwas ganz Besonderes an dieser Sendung, etwas in der Form nie dagewesenes: die Idee, dass Kochen hipp ist und total Spaß macht – und dass ein Fernsehkoch auch ein bisschen Sex-Appeal haben kann.

Und so lieben ihn die einen und hassen ihn die anderen. Schon zu Beginn spaltet Jamie Oliver die Kochgemüter. Einige der in Weiß gekleideten Küchencheffeminenzen der britischen Restaurantküchen fühlen sich in ihrer Ehre verletzt. Jeder kann kochen – das degradiert die stolzen Chefs zum Jedermann, obwohl Jamie vorsorglich im Vorspann darauf hinweist, dass auch er im Restaurant anders kocht und speziell die Anfänger ansprechen will. Aber auch außerhalb der professionellen Küchen stößt der *Naked Chef* immer wieder auf heftige Ablehnung, und zwar hauptsächlich bei jenen, die (nur) etwas vom Kochen verstehen. Das ist ähnlich wie mit allem: Wenn einer in etwas gut ist, es sich vielleicht mühevoll beigebracht hat und stolz darauf ist, dann lässt er sich nicht gern von einem jungen Hipster erklären, dass das alles ganz einfach sei und praktisch jeder es könne. Daher rührt vermutlich die teils sehr emotionale Kritik an Jamies Person. Für viele andere jedoch, und das ist die absolute Mehrheit, ist der *Naked Chef* so etwas wie eine Offenbarung. Es sind nicht nur die ganz jungen Leute, wie BBC sich das ausgemalt hatte, sondern Zuschauer jeder Altersklasse, sogar bis ins Rentenalter, die dem Charme von Jamie verfallen. »Er sieht aus wie ein Rockstar, klingt wie ein Rowdy und kocht wie ein Engel«, bringt es der *Daily Telegraph* auf den Punkt.

Die Nation sieht auf dem Bildschirm einen verstrubbelten Typen, der vor der Kamera mit Töpfen und Zutaten spielt wie ein junger Hund. Er ist er selbst, sein Akzent und die Offenheit, Privates zu zeigen, machen ihn authentisch. Außerdem spuckt er den Etablierten in die Suppe, das kommt immer gut an.

Jamies Begeisterung für das, was er tut, ist echt, und die Energie, die er ausstrahlt, steckt die Zuschauer an. Man kann ihm nur sehr schwer widerstehen. Jamie bezeichnet sich auch immer wieder selbst als »Vollidioten« in Bezug auf die verschiedensten Dinge. »Ich bin so wie ihr, nichts Besonderes«, sagt uns das. Man kann sich leicht mit ihm identifizieren, und irgendwie bekommt man mit der Zeit die Einstellung: Also, wenn der das kann, kann ich das auch.

Wer vorher noch nie am Herd stand, findet sich plötzlich beim Füllen von Hühnchen und Paprikaschoten. Kleine Töpfe mit Kräutern finden reißenden Absatz, und spätestens nach einem (oftmals ersten) Erfolgserlebnis im kulinarischen Bereich hat Jamie die Zuschauer für sich gewonnen.

Begleitend zur Sendung kommt bei Penguin Books Jamies erstes Kochbuch heraus, *The Naked Chef*. Es wird zum Bestseller, macht sein *Perfect Roast Chicken* zu so etwas wie einem Nationalgericht und Jamie zum Superstar. Das erste Buch ist monatelang auf Platz 1 der Bestsellerliste – abgelöst wird es schließlich von Buch Nummer zwei, *The Return of the Naked Chef*. Jamie reißt sich, nach eigener Aussage, »den Arsch auf«, um die Verkäufe anzukurbeln.

Er gibt landesweit Autogrammstunden und Interviews. Er geht eineinhalb Stunden früher zur Arbeit im *River Café*, um auf dem Weg die Buchläden abzuklappern und seine Bücher zu signieren. Alle Buchhändler haben seine Handynummer, um ihn anrufen zu können, wenn sie eine neue Lieferung bereitliegen haben. Es war schließlich Arbeit genug, diese Bücher überhaupt zu schreiben, und nun ist er gewillt, alles dafür zu tun, damit sie auch dort bleiben. »Wissen Sie, gegen wen ich antrete? Das *Star-Wars*-Buch, so sieht's aus!«,[36] rechtfertigt er seinen

---

36 Frei aus: Stafford Hildred und Tim Ewbank, Arise Sir Jamie Oliver, Blake Publishing, ISBN-10: 1844547949.

Einsatz vor einem Journalisten. Dass die Kochbücher des *Naked Chef* solch ein Erfolg werden, ist natürlich seiner Popularität zuzuschreiben, aber sie sind auch einfach ganz besonders schön. Sie sind in der gleichen schnoddrigen Art geschrieben, wie Jamie spricht, und die Fotos sind ein Traum. Jedes davon könnte man sich eingerahmt aufhängen. Jamie arbeitet dafür mit dem Fotografen David Loftus zusammen, einem großartigen Fotografen, der schon für die Damen aus dem *River Café* fotografiert hat.[37] Zu dieser Zeit werden für solche Aufnahmen normalerweise spezialisierte Food Stylists eingesetzt, die mit künstlicher Farbe, Ölen und jeder Menge Tricks die Mahlzeiten perfekt präparieren und effektvoll in Szene setzen. David und Jamie machen das, wie immer, lieber ohne großen Schnickschnack: Jamie kocht, David fotografiert dabei. Fertig. Keine Extralampen, Reflektoren oder Blitze, sie fotografieren alles mit natürlichem Licht. Dazu ist die Ausstattung besonders schön: das Porzellan, der alte Holztisch, die Krüge und Kräuter und alles, was zu sehen ist – perfekt. Man möchte nicht nur sofort den Löffel in die Hand nehmen und anfangen zu essen, sondern auch noch gleich in diese Küche einziehen.

Jamie wird inzwischen auf der Straße von den unterschiedlichsten Leuten erkannt und nicht selten angesprochen. Er erzählt von einem riesigen Kerl, der auf ihn zukam und ihm sagte: »Deinetwegen hat meine Frau mich dazu verdonnert, mehr Zeit in der Küche zu verbringen. Hätte ich dich vor einem halben Jahr getroffen, ich hätte dir eins auf die Zwölf gegeben – aber inzwischen habe ich richtig Spaß am Kochen. Und ich werde echt gut darin!«[38]

Manchmal nimmt die Begeisterung um Jamies Person, besonders unter den weiblichen Zuschauern, recht wilde Formen an. Nicht selten fischt Jamie morgens neben der regulären Post Damenunterwäsche

---

37 http://www.davidloftus.com/jamieoliver/.
38 Frei übersetzt von: http://tvnz.co.nz/view/page/410940/591161.

aus dem Briefkasten, und die Autogrammjäger warten regelmäßig vor seiner Haustüre. Der Ruhm ist es auch, der ihm die Arbeit im *River Café* unmöglich macht. Während der Dreharbeiten kocht Jamie weiterhin dort, denn dieser Job ist für ihn seine »richtige« Arbeit, nicht das flatterhafte Fernsehen. Mit der Zeit wird es aber immer schwieriger, den normalen Betrieb aufrechtzuerhalten, weil die Bedienungen damit beschäftigt sind, im Auftrag der Gäste Menükarten des Restaurants von Jamie Oliver signieren zu lassen. Nach dreieinhalb Jahren muss Jamie das *River Café* verlassen, für ihn eine traumatische Erfahrung, wie er sagt. Denn in diesen dreieinhalb Jahren ist Jamie Teil einer familiären Gemeinschaft geworden. Die enge, freundschaftliche Beziehung der Angestellten untereinander und zu den Chefinnen ist ein wichtiger Part seines Lebens, von dem er sich nun verabschieden muss. Es spricht für sich, dass Jamies plötzlicher Erfolg bei seinen Kollegen keinen Neid hervorruft, sondern sich alle mit und für ihn freuen.

Im gleichen Jahr, als die erste *Naked-Chef*-Serie startet (1999), wird er von Premierminister Tony Blair in die Downing Street eingeladen, um dort für ihn und den italienischen Premier Massimo d'Alema zu kochen. Anscheinend macht er seinen Job gut – Tony Blair bittet darum, ihm die Reste einzupacken. Eine große Ehre zweifellos. Wobei Jamie weitaus enthusiastischer wirkt, als er im Rahmen seiner Serie die Band Jamiroquai bei Sänger Jay Kay zu Hause bekochen darf (Episode: *Rock & Roast*). Jamie war schon mit 17 ein großer Jamiroquai-Fan, und die Welt der Musik zieht ihn immer noch magisch an. Er liebt Musik. Und er liebt seine Band. Auch trotz seiner knapp bemessenen Zeit schafft es Jamie, keine Bandprobe von *Scarlet Division* zu verpassen. Inzwischen gehören auch ein Gitarrist und ein Bassist dazu. In der ersten Staffel von *The Naked Chef* bereitet Jamie der Band eine tolle Plattform: Eine Episode zeigt Jamie Oliver, wie er seine Band nach einem Auftritt in Camden bekocht, wodurch er sie einem größeren Publikum vorstellen kann.

Die dritte Staffel von *The Naked Chef* soll definitiv die letzte sein. «Ich denke, den britischen Zuschauern wird sonst langweilig – und mir auch», sagt Jamie. Vier Folgen nimmt er aber doch noch auf und nennt sie *Pukka Tukka*.

Pukka Tukka

Erstausstrahlung in Großbritannien: 2000
DVD, ASIN: B0001Y9YUW, Sprache Englisch

1 Staffel, 4 Episoden

Episode 1: Back to Basics
Jamie erklärt die notwendige Küchenausrüstung und was man immer zu Hause haben sollte, außerdem bereitet er ein paar schnelle Leckereien zu

Episode 2: The Students
Jamie kocht für einen alten Freund und seine WG

Episode 3: Babysitting
Jamie verbringt eine Schicht mit den Feuerwehrmännern und kocht für sie

Episode 4: The ›City‹ Boys
Jamie richtet für einen Banker ein Luxusabendessen aus

Jamie schwimmt oben, es läuft gut, eine vielversprechende Zukunft liegt vor ihm. Auch privat will er Nägel mit Köpfen machen: In diesem Jahr, am Weihnachtsabend, macht er Jools endlich einen Heiratsantrag an einem außergewöhnlichen Ort. Auf einem Friedhof. Um ihrem Vater Maurice, der zwei Jahre zuvor einem weiteren Schlaganfall erlegen ist, Tribut zu zollen, stellt er ihr diese Frage an seinem Grab.

Jools will. Keine Frage. Jools will Jamie, Jools will heiraten, und Jools will Familie. Sie ist eine attraktive und selbstbewusste Frau und weiß, was sie vom Leben will – nämlich genau das: heiraten und Kinder kriegen. Nicht besonders en vogue, aber kreuzehrlich. Die beiden planen die Hochzeit für den kommenden Sommer. Noch arbeitet Jools als Assistentin für die BBC, lässt ihren Vertrag aber auslaufen. Sie ist sich nicht sicher, ob sie in diesem Job weitermachen will, nimmt sich eine Auszeit. Jamie schlägt ihr vor, als seine persönliche Assistentin anzufangen. Sie hält das für eine gute Gelegenheit, ihren Zukünftigen öfter zu Gesicht zu bekommen, und stimmt zu.

Wie sich binnen Kurzem herausstellt: eine grandiose Fehlentscheidung. Sie richtet zwar in der gemeinsamen Wohnung eine hübsche Büroecke ein und stattet sie mit allerhand Nützlichem aus der Bürobedarfabteilung aus. Was sie aber mit den ganzen Notizbüchern, Terminplanern, Neon-Markern und Büroklammern anfangen soll, ist ihr ein Rätsel.

The Naked Chef Facts:

Staffel 1: *The Naked Chef*

Erstausstrahlung: 14. April 1999 (UK) auf BBC2

Regisseur & Produzentin: Patricia Llewellyn

Begleitendes Kochbuch: *The Naked Chef* (1999) ISBN-10: 0140277811

Deutscher Titel: *Kochen mit Jamie Oliver: Von Anfang an genial*, 2003, ISBN 3831008043

Episode 1: Chefs Night Off
Jamie bereitet ein Essen für seine Kochkollegen zu

Episode 2: Hen Night
Jamie kocht für den Junggesellinnenabschied seiner Schwester

Episode 3: Babysitting
Jamie kocht für seine kleinen Cousins, auf die er aufpassen muss

Episode 4: The Band
Jamie bereitet ein Abendessen für seine Band nach dem Auftritt vor

Episode 5: Birthday Party
Jamie kocht vor der Party für alle seine Freunde

Episode 6: Girlfriend
Jamie bereitet ein Mittagessen für seine Freundin Jools zu

Episode 7: Special: Christmas Comes Early
Jamie kocht für ein vorgezogenes Familienweihnachtsfest und zeigt die Zubereitung kleiner, kulinarischer Geschenke

Staffel 2: *Return of the Naked Chef*

Regisseur: Paul Radcliffe

Erstausstrahlung: März 2000 (UK) auf BBC2

Begleitendes Kochbuch: *The Return of the Naked Chef* (2000)

Deutscher Titel: *Kochen für Freunde: Neue geniale Rezepte* (2004)
ISBN 3831006547

Episode 8: Reunion
Jamie bereitet Gerichte für eine Willkommensparty für seinen ehemaligen Kollegen Tim Mälzer zu

Episode 9: Girls Girls Girls
Jamie kocht für seine Freundin Jools und sechs ihrer Freundinnen

Episode 10: A Perfect Day
Jamie hat frei und nutzt die Zeit, um ein paar eingelegte Köstlichkeiten vorzubereiten

Episode 11: Going to the Dogs
Jamie kocht für ein paar australische Freunde, mit denen er zum Hunderennen geht

Episode 12: Picnic on the Pier
Jamie macht mit seinen Cousins Picknick auf dem Southend Pier

Episode 13: Bun in the Oven
Jamie kocht ein gesundes Menü für seine schwangere Schwester und ihren Mann

Episode 14: A Birthday Barbecue
Jamie grillt indoor zum 30. Geburtstag eines australischen Freundes

Episode 15: Wedding Bells
Jamie kocht für die Familienfeier für seine eigene Hochzeit

Episode 16: Special: Christmas in New York (Regisseur Niall Downing)
Jamie reist nach New York, um in einem anderen Restaurant zu kochen

Staffel 3: *Happy Days with the Naked Chef*

Regisseure: Niall Downing & Ewen Thompson

Erstausstrahlung: September 2001 (UK) auf BBC2

Begleitendes Kochbuch: *Happy Days with The Naked Chef* (2001)

Deutscher Titel: *Genial kochen mit Jamie Oliver: The Naked Chef – Englands junger Spitzenkoch* (2002) ISBN 3831003297

Episode 17: Moving House
Jamie kocht für seine Kumpels, die ihm beim Umzug in das erste eigene Haus helfen, macht außerdem einen Snack für Jools und sich und ein Menü für das Einzugsfest

Episode 18: Rock & Roast
Jamie kocht für Jamiroquai, zu Ehren ihres neuen Albums

Episode 19: Godfather
Jamie wird zum Taufpaten für das Kind von Freunden und kocht zur Feier auf deren Hausboot

Episode 20: Highland Fling
Jamie verbringt ein Wochenende in Schottland mit seinem Zulieferer für Jakobsmuscheln – und kocht dort mit den lokalen Zutaten

Episode 21: Curryfest
Der Strohwitwer Jamie lädt seine Kumpels zu einem Curry zu sich ein

Episode 22: Back to School
Jamie ist zu Gast in seiner alten Schule, um die jährliche Preisverleihung zu eröffnen und ein Festmahl zu kochen

Episode 23: Italian Job
Jamie kocht für Gennaro, und danach kochen beide zusammen für Gennaros Freunde

Episode 24: At the Beach
Jamie kocht und grillt für seine australischen Arbeitskollegen, mit denen er ein Wochenende in Cornwall am Strand verbringt

Episode 25: Special: Christmas Party
Jamie, Jools und Freunde bereiten eine große Weihnachtsfeier vor

In Deutschland sendete RTL II alle Folgen zu je 45 Minuten am Samstagvormittag.

Deutsche Erstausstrahlung: 15.02.2003 RTL II.

Nach dieser Fernsehreihe wird Jamie zum *most sexy* Küchenchef gewählt, seine Sendungen werden in 50 Ländern ausgestrahlt, und die Bücher werden weltweit zu Bestsellern. Seine Rezepte werden in einem wöchentlichen Special im *The Times Magazin* gedruckt, und er hat eine eigene Kolumne im *GQ Magazin* (UK). Von den Gastauftritten fangen wir erst gar nicht an.

Ein Küchenchef kommt unter die Haube

Der plötzliche Ruhm und das damit verbundene Geld haben aus Jamie keinen Partylöwen, Casanova und Society-Prinzen gemacht.

Groupies (Kochgroupies, das muss man sich mal vorstellen), die ihm, von Ruhm und Geld angezogen, eindeutige Angebote unterbreiten, lässt er befremdet abblitzen. Die wollten vorher nichts von ihm, also sind sie nicht hinter ihm, Jamie, her, sondern hinter dem *Naked Chef.* Er findet das alles sonderbar. (Nicht, dass das anderen Männern an seiner Stelle etwas ausgemacht hätte.) Es ist außerdem ganz einfach so: Jamie liebt Jools. Für die Glamourwelt, für VIPs und die High Society hat er nichts übrig, das ist nicht seine Welt und interessiert ihn nicht. Das echte Leben sind seine Kumpels von früher, die Jungs auf der Arbeit, seine Familie und Jools. Außerdem wünscht sich Jamie, ebenso wie Jools, eine Familie – und zwar so schnell wie möglich.

Noch bevor die dritte Staffel des *Naked Chef* ausgestrahlt ist, heiraten Jamie und Jools am 24. Juni 2000. Die Presse ist über die Nachricht begeistert: Der Shootingstar und seine *Missus* sind das Traumpaar schlechthin. Sie sind jung, Jamie ist 25, Jools 26 Jahre alt, erfolgreich, gut aussehend und berühmt, besser kann es für die Presse nicht laufen. Doch obwohl von einer Zeitschrift sofort über 300.000 Euro für die Rechte geboten werden, denkt Jamie nicht daran, seine Hochzeit an eine Zeitung oder einen TV-Sender zu verkaufen. Das mag auf den ersten Blick ein bisschen seltsam erscheinen für jemanden, der in einer Kochsendung sein Privatleben serviert – begeisterte Fans kennen inzwischen seine Eltern und Schwiegereltern, seine Freunde und Jools, sie waren mit ihm beim Junggesellinnenabschied seiner Schwester und wissen, wie anstrengend seine kleinen Cousins sind. Seine Sendung ist fast so etwas wie eine Real-Life-Serie – und ausgerechnet die Hochzeit soll davon nun ausgeklammert sein?

Soll sie, da ist sich Jamie ganz sicher. Viele Jahre hat er auf diesen Tag gewartet. Erst hatten sie zu wenig Geld, dann war er zu beschäftigt, und jetzt, wo das große Ereignis endlich in greifbare Nähe rückt, soll es etwas ganz Besonderes werden, etwas, das sie genießen können. Jools, er und seine Familie und Freunde. Er hat nämlich fest vor, nur einmal zu heiraten. Wenn man sich schon ein Leben lang an diesen Moment erinnert, dann bitte an ein wunderbares Fest und nicht an Fotografen und Reporter.

Das Menü für die 140 Gäste will Jamie selbst entwerfen, seine Koch-kumpel und das Team des *Cricketers* werden ihm beim Zubereiten hel-fen. Jamies Vater, der ihn bei der Planung unterstützt, ist kurz vorm Durchdrehen, weil Jamie beschließt, am Tag vor der Hochzeit auf den Markt zu gehen und das einzukaufen, »was schön frisch aussieht«.

(Für die ganz Interessierten: Es gibt einen bunten Mix aus Vorspeisen mit verschiedenen Antipasti, Tapas, Parmaschinken, selbst gebackenes Brot, luftgetrockneten Rinderschinken und italienische Salami mit ver-schiedenen Chutneys. Außerdem Wildlachs, gekochte Kartoffeln und grünen Salat und zum Abschluss Mascarponecreme mit Erdbeeren.)

Am Morgen seiner Hochzeit stehen Jamie, sein Vater und sein *London Dad* Gennaro morgens um fünf auf, um das Brot zu backen. Dann macht sich Jamie fertig und geht in seiner Aufregung die vier Kilometer zur Kirche zu Fuß. All Saints ist eine kleine, romantische Steinkirche aus dem 13. Jahrhundert in Rickling, Essex. Dort steht auch das Häus-chen, in das die Familie zog, als Jamie noch zu Hause lebte. Der Look des Hochzeitspaars ist spektakulär: Jools trägt ein schulterfreies Braut-kleid und einen Schleier im offenem Haar, der sie wie eine Fee aussehen

Ein Küchenchef kommt unter die Haube

lässt, Jamie kommt in einem hellblauen Anzug, rosafarbenem Hemd und Schlangenlederschuhen, was ihn wie ein Bonbon mit Schlangenlederschuhen aussehen lässt.

Jamies Vater führt Jools zum Altar, und es wird feierlich. Bis der traditionelle Teil der Zeremonie vorbei ist und ein Elvis-Imitator die Kirche betritt. Er stimmt *I can't help falling in love with you* an, was die kleine Kirchengemeinde samt Pfarrer begeistert aufnimmt und aus vollem Hals mitsingt. Jamies Überraschung für Jools.

Als sich die Kirchentür wieder öffnet, kommt bei strahlendem Wetter ein strahlender Jamie mit nach oben gestreckten Daumen heraus. Die Fans, die vor der Kirche auf das Paar warten, jubeln und winken. Jamie winkt zurück: »Es war super, wir hatten Spaß, ich bin verdammt glücklich, und wir gehen dann mal auf einen Döner!« Der anschließende Empfang im Pub ist genauso fröhlich und malerisch, wie es sich die beiden vorgestellt haben. Ein Detail geht besonders ans Herz: Auf jedem der Tische ist ein Apfel Teil der Dekoration, in Gedenken an Jools' verstorbenen Vater Maurice. Denn er nannte seine Tochter zeit seines Lebens seinen »Augapfel«. Auch die emotionale Rede von Jamies Vater rührt die geladenen Gäste, als er an Maurice erinnert und erklärt, wie sehr er sich wünsche, ihm selbst wäre ein ebenso ungezwungener, liebevoller Umgang mit Maurice möglich gewesen, wie er ihn bei Jamie miterleben durfte. Und dann, als sich alle in ihre Taschentücher schnäuzen und die Tränen aus den Augenwinkeln wischen, richtet er sich auf, erhebt die Stimme und dröhnt: »Und jetzt haue ich Jamie so richtig in die Pfanne!«

Bei diesem Stichwort kommen zwei Kumpel von Jamie herein, und was sie tragen, lässt die versammelte Festgemeinde vor Lachen fast von den Stühlen rutschen: Es ist die 1,80 Meter hohe Schranktür aus Jamies Jugendzimmer, die Jamies Vater extra aufgehoben hat. Sie ist über und über mit Bildern von nackten Frauen und Brüsten beklebt. Die Anwesenden schlagen sich auf die Schenkel, und dieser Befreiungsschlag ist der Auftakt für ein rauschendes Fest. Das Essen ist fantastisch, die At-

61

mosphäre ausgelassen, und für die richtige Musik sorgen die *Chemical Brothers*, extra für diesen Abend von einem Festival eingeflogen. Jamie hat mit Tom von den *Chemical Brothers* einen Deal gemacht: Er sorgt für die Musik auf Jamies Hochzeit, dann kümmert Jamie sich um das Essen auf Toms Hochzeit.[39]

Jamie und Jools sind zu diesem Zeitpunkt bereits seit sieben Jahre ein Paar, und Jools weiß, dass sie sich einen Mann ausgesucht hat, der über ein Vielfaches an Energie verfügt als die meisten anderen Männer. Es ist fast so, als würde er ständig auf erhöhter Betriebstemperatur laufen. Ein bisschen irritiert reagiert sie dann dennoch, als Jamie am ersten Tag ihrer Flitterwochen in Italien bei seinen Bandkollegen zu Hause anruft, um über Auftritte und die Liederauswahl ihrer bevorstehenden Platte zu diskutieren.[40]

Was trotzdem irgendwie verständlich ist. Denn nach zwölf gemeinsamen Jahren mit der Band, nach unzähligen Proben im Schuppen und kleinen Gigs im Landkreis ist das erste Mal ein Plattenlabel an der Band interessiert: Sony.

Mit Sicherheit sind sie interessiert, um von Jamie Olivers Bekanntheit zu profitieren. Das stört ihn aber nicht im Geringsten, denn er glaubt fest an die Band – unabhängig von seinem Namen. Sie haben schließlich den langen, harten Weg aller kleinen Lokalbands hinter sich und wurden schon vor Jamies Erfolg als Koch vom Publikum beklatscht. Jamie ist mit Elan und Herzblut bei der Sache, auch wenn es zu Hause nicht selten Diskussionen mit Jools gibt, wenn Jamie in seiner knapp bemessenen Freizeit quer durch London fährt, um den Abend mit Bandproben zu verbringen. Der Vertrag mit Sony beinhaltet zwei Platten, die im Oktober 2000 erscheinen:

---

39 Frei in Auszügen aus: Stafford Hildred und Tim Ewbank, *Arise Sir Jamie Oliver*, Blake Publishing, ISBN-10: 1844547949.

40 http://www.thefreelibrary.com/The+real+Jamie%3A+Day+2%3A+When+I+saw+my+Jools+it+was+love+at+fi rst...-a0131670946.

Cookin', eine Platte mit Jamie Olivers *music to cook by*, also lauter Lieder, die Jamie gerne beim Kochen hört. Er findet die Idee zunächst eigenartig, freundet sich aber schnell damit an und mehr noch: Er macht die Sache zu seinem Projekt und kümmert sich selbst um die Gestaltung des Covers und natürlich die Liedauswahl, die seinen persönlichen Geschmack, seinen CD-Schrank und die damalige Zeit widerspiegelt. Hier ist sie:

1. Dancing In The Moonlight – Toploader
2. Motorcycle Emptiness – Manic Street Preachers
3. My Beautiful Friend – The Charlatans
4. Right Here Right Now – Fatboy Slim
5. Blow Your Mind – Jamiroquai
6. Trouble In The Message Centre – Blur
7. 6 Underground – Sneaker Pimps
8. Get Myself Arrested – Gomez
9. This Is How It Feels – Inspiral Carpets
10. Even After All – Finley Quaye
11. Celebrate Your Life – Beloved
12. On The Ropes – The Wonder Stuff
13. Loose Fit – Happy Mondays
14. Take It – Flowered Up
15. Begging You – Stone Roses
16. On Stand By – Shed Seven
17. There She Goes – The La's
18. Sundial – Scarlet Division

Die zweite Platte ist die Debütsingle von *Scarlet Division*, *Sundial*.[41]

---

41 Beide Platten kann man übrigens immer noch auf Amazon kaufen, von *Sundial* gibt es auch ein wunderbares Video auf youtube.

Hat die Band Erfolg, soll im Jahr darauf ein Album folgen. Als der Plattenvertrag mit Sony steht, träumt Jamie davon, ein Jahr zu pausieren und sich der Musik zu widmen. Wird er eben Rockstar! Alles scheint möglich. Die Musik von *Scarlet Division* bewegt sich irgendwo zwischen *Texas* und *The Pretenders*, sie ist rockig und macht gute Laune. *Sundial* steigt prompt in die Top 40 ein. Und so denkt sich Jamie auch nichts weiter, als er von Zoë Ball[42] in ihre Radio Show eingeladen wird – es ist schließlich Marketing für die Band. Er sagt auch erfreut zu, als sie *Scarlet Division* einen Liveauftritt für den Sender in Manchester anbietet. Völlig überraschend jedoch fügt sie dann hinzu: »Es ist nichts Großes, nur 10.000 Zuschauer und ein paar Leute wie Melanie C, Supergrasss und All Saints, also ab in den Proberaum, Süßer.« Ein Auftritt, den keines der Bandmitglieder jemals vergessen wird, die noch nie vor so einem großen Publikum gespielt haben.

Das Jahr 2000 ist ein Wahnsinnsjahr für Jamie. Er heiratet die Frau seiner Träume, die Band hat einen Plattenvertrag, seine Bücher verkaufen sich wie warme Semmeln, und die dritte Staffel des *Naked Chef* ist in Arbeit. Noch dazu schließt er in diesem Jahr einen Werbevertrag mit der Supermarktkette Sainsbury's ab: zwei Jahre für eine Million Pfund (ca. 1,2 Millionen Euro).

Sainsbury's ist die drittgrößte Supermarktkette in Großbritannien. Die Idee der Marketingstrategen, Jamie Oliver als Repräsentanten anzuwerben, geht auf.

Es gibt zu diesem Zeitpunkt vermutlich niemanden, der besser geeignet wäre, die Marke zu repräsentieren. Wie genau sich dieser Effekt auf die Umsätze des Unternehmens ausgewirkt hat, ist schwer zu kalkulieren, aber es gibt Zahlen, die nach zweijähriger Werbung mit Jamie von einem Anstieg des Bruttogewinns um knapp 2,5 Millionen Euro ausgehen.[43]

---

42 Zoë Ball ist eine bekannte englische TV- und Radiomoderatorin.
43 http://news.bbc.co.uk/2/hi/business/2979646.stm.

Die Strategie ist, die Konsumenten anzuregen, Produkte zu kaufen, die sie sonst nicht kaufen würden – im Schnitt legen wir nämlich stets dieselben 120 Produkte in unseren Einkaufswagen. Sainsbury's hat jedoch eine Palette von über 30.000 verschiedenen Produkten in den Regalen. Wenn jeder Kunde nur ein einziges weiteres Produkt auf seinen Einkaufszettel aufnimmt, bedeutet dies einen gewaltigen Anstieg des Umsatzes. Jamie empfiehlt denn auch oft in den Spots, etwas Neues auszuprobieren – und es funktioniert: Besonders bemerkbar ist sein Einfluss, wenn er eine konkrete Empfehlung macht. Als er zum Beispiel kurz vor Weihnachten empfiehlt, den traditionellen Truthahn mit Trüffelbutter zu verfeinern, verkaufen sich kurz darauf prompt 50.000 Gläser von dem Zeug.

Für Jamies Finanzen ist der Deal mit Sainsbury's ein wahrer Goldregen. Knapp 1,5 Millionen Euro erhält Jamie durchschnittlich für jedes Jahr, in dem er mit der Kette zusammenarbeitet. Eine Partnerschaft, die bis 2011 anhalten soll.

Eine großartige Steigerung bedeutet das für Jamie vor allem, wenn man sich ansieht, was er zuvor verdiente: Das erste *Naked-Chef*-Kochbuch lief und läuft zwar wahnsinnig gut und kostete stolze 18,99 Pfund (knapp 24 Euro). Für Jamie fielen dabei allerdings gerade mal 70 Pence (87 Cent) pro verkauftem Buch ab. Etwas besser verdiente er mit den Fernsehsendungen des *Naked Chef*, er bekam knapp 2500 Euro pro Episode.

Für all diejenigen, denen Jamie Oliver von Beginn an ein Dorn im Auge war, ist der Deal mit Sainsbury's ein gefundenes Fressen. Jamie trinkt nicht, er hat keine Affären und nimmt keine Drogen und schlägt nicht nach Fotografen. Er behauptet nicht einmal, dass er ein besonders guter Koch ist – es ist wirklich schwierig, ihn zu kritisieren. Der Vertrag mit der Supermarktkette ist endlich ein handfestes Ventil für diffuse Antipathie oder von Neid und Missgunst genährte Ablehnung. Gleichzeitig bekommt der Kritiker die Möglichkeit, sich moralisch aufzuwerten.

Er hat nämlich schon immer gewusst, dass der geniale Jungkoch von nebenan ein Aufschneider ist, der seine Seele verkauft. Seine Fernsehkollegin aus *Two Fat Ladies*, Clarissa Dickson Wright, nennt ihn sogar eine »Hure«, und auch die Presse freut sich über den Wind.

Es ist erstaunlich, was eine Menge Geld anrichten kann. Das Bild eines jungen, leidenschaftlichen Kochs aus einfachen Verhältnissen, der es durch harte Arbeit nach oben geschafft hat, verändert sich in der Wahrnehmung vieler drastisch, wenn dieser junge Mann plötzlich mehr verdient als sie selbst oder sogar als ›stinkreich‹ bezeichnet werden kann. Oftmals wird Erfolg nur so lange gegönnt, wie die Story an Aschenbrödel erinnert.

Jamies Authentizität wird infrage gestellt, ohne dass sich irgendetwas an ihm, außer dem Kontostand, verändert hätte. Vermutlich gingen viele davon aus, dass, wer so unbedarft und ungestüm mit einem Essex-Landei-Akzent durch die Sendungen fluppt, ein bisschen einfältig sein muss – oder zumindest nicht sehr geschäftstüchtig ist. Doch da haben sie Jamie unterschätzt, der in Sachen Geschäftstüchtigkeit seinen Eltern in nichts nachsteht.

Auch seine Motive werden unterschätzt: Natürlich ist die Unsumme an Geld absolut fantastisch, und es wäre sicher falsch zu sagen, sie hätte nichts mit seiner Entscheidung zu tun gehabt – aber am Ende ist es so wie mit allen Dingen, deren Jamie sich annimmt: Er macht die Werbung für Sainsbury's zu seinem eigenen Projekt.

Er wittert die Chance, Dinge im großen Stil verändern zu können. Er könnte Einfluss nehmen auf die drittgrößte Supermarktkette des Landes. Sainsbury's ernährt die meisten seiner Landsleute – und er möchte, dass Sainsbury's das so gut wie möglich tut.

Im Laufe seiner Zeit bei Sainsbury's wird er dabei helfen, deren Qualität zu verbessern. Die Kette konzentrierte sich mehr auf frische und lokale Produkte, es wird eine Kräuterabteilung eingerichtet, er wird eine größere Auswahl an Lebensmittel anregen, für Bioprodukte eintreten und nicht zuletzt dafür sorgen, dass Sainsbury's als erste große Supermarktkette keine Eier von Hühnern aus Käfighaltung mehr verkauft. Es ist immer das große Ganze, das Jamie reizt. Und Sainsbury's ist einer der ganz, ganz Großen. Eine spannende Aufgabe liegt vor ihm, in die er sich voll reinkniet. Es hätte nicht funktioniert, Jamie lediglich zu bezahlen, damit die Kette mit seinem Gesicht werben darf. Diese Art von Werbung hat er bis dahin schon zuhauf abgelehnt – und die Anwärter Coca-Cola und Nestlé haben sich bei ihren Angeboten bestimmt nicht lumpen lassen, aber diese Art, sich zu verkaufen, lehnt er ab.

Genauso wenig hätte es nie eine Show gegeben, in der Jamie, ähnlich einem bezahlten Schauspieler, Vorgeschriebenes kocht, verkauft oder bewirbt. Er macht auch nicht für alle Produkte der Supermarktkette Werbung: Jedes einzelne Produkt wird sorgfältig geprüft. Er kreiert eigene Rezepte für Sainsbury's, und auch hier wird jede Zutat von ihm unter die Lupe genommen.

Alles, was er tut, und egal, welche Allianz er eingeht, er bleibt sich stets selbst treu und macht sich die Ideen, Projekte und Konzepte seiner Partner zu eigen, statt gegen Geld mit seinem Namen zu unterschreiben. Das ist Authentizität (und ein klein wenig Perfektionismus). Seine Ehrlichkeit bringt ihn allerdings nicht selten in Bedrängnis.

Kurz nach Bekanntwerden des Deals und als der erste Sturm der Empörung vorüber ist, sehen sich die kritischen Stimmen bestätigt, als Jamie in einem Interview sagt, er selbst verwende keine Produkte der Supermarktkette. Das ist doch der endgültige Beweis für seine Scheinheiligkeit! *Jamie Oliver landet kopfüber in den Fettuccini!*, schreibt ein Blatt begeistert. Tatsächlich ist es jedoch so, dass kein einziges Restaurant die Produkte einer Supermarktkette verwendet. Restaurants, zumindest die besseren, arbeiten alle mit spezialisierten Zulieferern. Geht er privat für sich und Jools einkaufen, geht er auf den Markt, in ein Geschäft um die Ecke und natürlich auch: in den Supermarkt. Jamie versteht die Aufregung nicht. Sainsbury's übrigens auch nicht, die darauf hinweisen, dass sie keinen Exklusiveinkaufsvertrag mit Jamie haben. Es ist ähnlich wie bei einem prominenten Kollegen von Jamie, Tiger Woods. Der wirbt für Golfbälle von Nike – benutzt aber nicht die aus der Anzeige, sondern Spezialbälle (von Nike), Profibälle, die Amateure nicht schlagen können und die ihnen auch nichts nutzen, mit denen aber ein Tiger Woods die 300-Meter-Schläge hinbekommt.[44] Auch da denkt man sich: *Na und?*

Es scheint, seine Präsenz, ob in seiner Serie, in der Werbung oder in Buchform, sowie sein neu erworbener Reichtum hätten ihn zu einem von »denen da oben« werden lassen. Und gegen »die da oben« zu wettern kommt eigentlich immer gut an. Es wird sogar spekuliert, ob sein Essex-Akzent nur aufgesetzt ist. Jamie selbst ist zwar ob des plötzlichen Gegenwindes etwas irritiert, tut die ganze Aufregung aber ab. Er weiß, dass seine direkte Art und die Angewohnheit auszusprechen, was ihm in den Sinn kommt, so etwas mit sich bringen, aber was soll's – so ist er eben. Deswegen ist er ja auch kein Politiker geworden. Jemandem, der sich mit seinen unüberlegten Aussagen ständig in Schwierigkeiten bringt, vorzuwerfen, er sei nicht authentisch genug, entbehrt nicht einer gewissen Ironie. Schwierigkeiten bekommt Jamie übrigens auch zu Hause, wenn er mal wieder öffentlich und im übertragenen Sinn die Hosen runterlässt: Als eine Journalistin ihn fragt: »Wann hast du dich das letzte Mal vollkommen bedeutungslos gefühlt?«, antwortet Jamie zum Schrecken von Jools: »Letzte Nacht, als ich mit der Missus im Bett war und nach dreieinhalb Sekunden alles vorbei war.«[45]

Seinem Heimatsender BBC macht Jamies Deal mit Sainsbury's auch schwer zu schaffen: Die ersten Werbespots werden zur gleichen Zeit geschalten als auf einem anderen BBC-Sender eine Staffel von *Naked Chef* wiederholt wird.

---

44 The Nevada Daily Mail - 24 Ago 2000.
45 http://www.thefreelibrary.com/When+did+you+last+feel+utterly+insignificant%3F+Last+night+when+I+was.
..-a064562160.

Dem Fernsehsender gefällt diese Strategie überhaupt nicht. Er möchte vermeiden, dass die Integrität des Senders untergraben wird – die Spots sind nämlich sehr den Sendungen der Kochserie nachempfunden. Angeblich gab es sogar ein geheimes Abkommen zu Beginn. Das besagte, dass während der Sendungen mit Jamie Oliver keine Spots von Sainsbury's mit ihm laufen dürfen. Ab dem ersten Moment ist die Stimmung zwischen den beiden Giganten im Eimer: Sainsbury's beschwert sich, dass sie zehn Wochen vor Ausstrahlung die Drehbücher der Spots an den Sender vorlegen sollen. BBC wiederum moniert, dass Sainsbury's die Spots sehr wohl während der Show, nur auf anderen Kanälen sowie davor und danach platziert – kurz gesagt, alle treten sich gegenseitig auf den Schlips und sind pikiert.

Jamie hat währenddessen ganz andere Probleme. Er und Jools haben relativ schnell festgestellt, dass Frau Oliver nicht die Optimalbesetzung für den Posten der persönlichen Assistentin ist, und haben stattdessen Jools beste Freundin Nicola engagiert. Jools ist über die gescheiterte Karriere als persönliche Assistentin nicht weiter betrübt, schließlich verfolgen Jamie und sie seit der Hochzeit ein weitaus wichtigeres Ziel: Oliver-Nachwuchs. Genau dieser will sich aber nicht einstellen. Obwohl Jools, pragmatisch und zielorientiert, wie sie ist, ihre fruchtbaren Tage in dem großen Wandkalender in der Büroecke markiert und sogar Jamies Terminkalender mit ihrer Freundin Nicola dahingehend abspricht, tut sich nichts. Da trotz der gewissenhaften Planung das erwünschte Ergebnis nicht eintreten will, sucht Jools einen Experten auf, der die Standarduntersuchungen in solchen Fällen durchführt. Diese beinhalten unter anderem ein sogenanntes Spermiogramm, also die Untersuchung einer Spermaprobe unter dem Mikroskop, um zu sehen, ob die kleinen Schwimmer in Hinsicht auf Menge und Agilität ihrer Aufgabe gewachsen sind. Jools selber erzählt sehr offen davon in ihrem Buch: *Minus Nine to One: The Diary of an Honest Mum.*

So eine Spermaprobe kann nur auf zwei Wegen in das zuständige Labor gelangen. Entweder der Betreffende findet sich im zuständigen Krankenhaus ein, bekommt einen Becher in die Hand gedrückt und wird in ein Zimmer mit interessanten Männermagazinen geschickt – eine Situation, die schon zahllose Komödianten zu heiteren Sketchen animiert hat –, oder der Betreffende erledigt seinen Job im heimischen Umfeld, muss dann aber die Probe innerhalb von 15 Minuten im Labor abliefern. Jamie entscheidet sich für Letzteres. An besagtem Tag sperrt sich Jamie also im Bad ein, schwingt sich dann mit seinem Becherchen auf den Roller und sprintet zum Krankenhaus. Dort angekommen, hetzt er, immer noch mit Helm auf dem Kopf, zum Labor und übergibt die kostbare Fracht an die Schwester hinter dem Tresen. Die Idee, den Helm aufzulassen, ist clever, scheitert aber an der aufmerksamen Schwester: Die mustert die Augenpartie hinter dem Visier, fordert ihn auf, den Helm abzunehmen, und freut sich daraufhin: »He! Ich kenne Sie aus dem Fernsehen! Sie sind doch Jamie Oliver!«, und während Jamie im Boden versinken will, steigert sich das Ganze noch, indem die Schwester, immer noch mit dem Becherchen in der Hand, ihre Kolleginnen herbeiruft und wild gestikulierend in großer Runde ihrer Begeisterung über seine Sendung Ausdruck verleiht. Für Jamie eine hochnotpeinliche Situation. Jools hingegen, der er die Geschichte abends erzählt, rutscht natürlich vor Lachen beinahe vom Stuhl. Für die ganz Interessierten: alles in Ordnung mit den Schwimmerchen. Jools muss lediglich einen kleinen operativen Eingriff über sich ergehen lassen (die Eileiter waren unter den Eierstöcken eingeklemmt) und ein Hormonpräparat einnehmen.

Ganz andere Erwartungen an Jamie hat derweil die Öffentlichkeit, die gespannt auf die Eröffnung eines Jamie-Oliver-Restaurants wartet. Zum einen, weil dies der klassische Weg eines Chefkochs ist, der etwas auf sich hält, zum anderen, weil Jamie selbst mehr als einmal öffentlich von einem eigenen Restaurant geträumt hat. Umso überraschender ist es, als er stattdessen einen Beraterjob für ein fremdes Restaurant annimmt: für *Monte's Club*. Die Verwunderung ist deswegen umso größer, als es sich bei *Monte's* um ein erzkonservatives Nobelrestaurant in der Sloane Street, einer Londoner Luxuseinkaufsmeile, handelt. Ein weiteres Indiz für seine Kritiker, dass es sich beim Image des lässigen Genius um eine Marke handelt, hinter der in Wahrheit ein dilettantischer Raffzahn steckt. Tatsächlich ist Jamies Entscheidung ganz gut nachvollziehbar: Er träumt zwar vom eigenen Restaurant, aber in seiner Vorstellung sieht er sich in genauso einem kleinen Pub auf dem Land, wie seine Eltern eines haben. Er wäre in der Küche und Jools am Tresen, und im Garten stünde eine Schaukel für die Kinder. Natürlich könnte er diesen Tagtraum nun realisieren. Andererseits steht er am Beginn einer großartigen Karriere, Unmengen von Möglichkeiten tun sich auf, von denen so viele entdeckt und ausgelotet werden wollen. In dieser spannenden Zeit einen Schritt zurück, in ein Pub auf dem Land zu machen widerspricht völlig Jamies Naturell – und es ist nicht der logische nächste Schritt.

Im Dezember 2000 ist Jamie auf einer Messe in Birmingham und bringt 2500 Messebesucher dazu, fast durchzudrehen, indem er eine halbe Stunde lang live kocht! Damit es hier kein Missverständnis gibt: Er zieht sich nicht aus oder tritt zusammen mit Prince auf – er kocht einfach nur! *Wie ein Rockstar*, war der erste Gedanke, wenn man das Publikum sah, und diesen Gedanken führt Jamie weiter. Er regt an, man könne ja vielleicht Kochauftritte organisieren, richtige Events, in denen er vor Publikum kocht! Wenn er zusätzlich eine eigene Produktion gründete, könnte er das Ganze aufnehmen und sogar die DVDs selbst verkaufen! Es ist relativ offensichtlich: Ein eigenes Restaurant, in dem er täglich anwesend sein muss, und sei es nur, um die Küche zu überwachen, ist schlicht nicht möglich, wenn er auf die neuen Projekte nicht verzichten will.

Das *Monte's* ist, wie erwähnt, zu diesem Zeitpunkt ein spießiges, konventionelles Restaurant mit einer Atmosphäre, die man im besten Fall formell nennen könnte. Die Klientel besteht überwiegend aus älteren Geschäftsmännern im Anzug und den dazugehörigen Damen mit Hermès-Tüchern um den Hals und ein bis zwei Schönheitskorrekturen im Gesicht. Vielleicht hat der Geschäftsführer Angst, dass ihm die Gäste eines Tages aussterben, oder diese wünschen sich, mal etwas von dem neuen, jungen Koch zu probieren, von dem man so viel hört. Vielleicht will er auch nur auf den Jamie-Oliver-Hype aufspringen – und vermutlich ist es eine Mischung aus allem, was ihn auf die Idee bringt, Jamie anzurufen.

Der wiederum vermisst seit seinem großen Fernseherfolg die Restaurantküche, das »wahre Leben«, wie er es nennt, und die Gemeinschaft eines Teams von Köchen, in die er schließlich seit seiner Kindheit stets eingebunden war.

Einen Beraterjob anzunehmen, in dem er zwar nicht allabendlich präsent sein muss, aber kann, ist daher die perfekte Lösung. Um sicherzugehen, dass in seiner Abwesenheit in seinem Sinne gearbeitet wird, holt Jamie seinen australischen Freund, Trauzeugen und Arbeitskollegen vom *River Café*, Ben O'Donoghue, als Küchenchef zu *Monte's*. Gemeinsam mit ihm schult er die Jungköche, gestaltet die Menüs und krempelt Stimmung und Karte des Restaurants gehörig um. Jamie kennt die besten Lieferanten, vor allem kleine Zulieferer, und bekommt die frischesten Zutaten, die dicken, schweren Saucen verschwinden, und dafür entsteht eine leichte, rustikale Küche mit vielen Kräutern. Die Menüs sind eine Adaption von Jamies Kochshows, die für Amateure gemacht sind, an die professionelle Restaurantküche. Der gleiche Stil, aber gehobene Kochkunst. Endlich kann man nicht nur à la Jamie Oliver kochen, sondern auch essen gehen. Dies ruft die Restaurantkritiker auf den Plan, die ihr ganz persönliches Erlebnis im neuen *Monte's* in den jeweiligen Zeitungen und Sendungen kundtun. Der Grundtenor ist, wie bei allem, was Jamie Oliver macht, gegensätzlich. Die einen schwärmen von exzellentem Taschenkrebs-Risotto, gegrillten Perlhühnern mit

Ein Küchenchef kommt unter die Haube

Salbei, geräuchertem Lachs mit jungen Jersey-Kartoffeln, Anchovis und Rosmarindressing und den hausgemachten *Cappellaci*: italienische Pasta, gefüllt mit Zucchini, Ricotta, Minze und Pecorino-Käse.

Die anderen schreiben, der Koch sehe müde aus, *Cappellaci* sei falsch geschrieben, nämlich *Cappollacci,* und wenn man schon Membrillo serviere (ein spanisches Quittengelee), dann solle doch der dazu servierte Schafskäse kein italienischer, sondern, bitte schön, ein spanischer sein.

Jamie fühlt sich trotzdem wohl bei *Monte's* und bleibt dort bis 2002 unter Vertrag. Er hat Spaß mit seiner Crew, kann endlich wieder in der Profiküche bei den Jungs mitspielen, und auch mit dem Geschäftsführer vom *Monte's* versteht er sich gut. Sogar so gut, dass dieser ihm die Wohnung über dem Restaurant anbietet. In die Jamie und Jools sogar kurzzeitig einziehen: Sie haben nämlich vor Kurzem ihre erste eigene Wohnung in Hampstead gekauft, und die Bauarbeiten dauern (natürlich) länger als geplant.

Als Jamie im Frühjahr 2001 für eine dreiwöchige Tour nach Australien und Neuseeland muss, beschließt Jools, ihn zu begleiten. Jools nimmt immer noch Hormone, die ihr arg zusetzen, und hofft darauf, schwanger zu werden. Nun ist die Fruchtbarkeitsmedizin zwar weit gekommen, aber wenn die Eltern sich auf verschiedenen Kontinenten befinden, stößt jeder Fortschritt an seine Grenzen. Fast drei Wochen verbringen sie in Melbourne, mit dabei sind unter anderem Nicola, Jamies persönliche Assistentin und Jools' beste Freundin, sein Agent sowie eine weitere Freundin. Alle haben eine großartige Zeit. Den Abstecher nach Neuseeland, wenige Tage vor der Heimreise, treten Jamie und Jools nur mit Jamies Agenten an, und dieser ganze obige Absatz dient nur zur Einleitung für die köstliche Geschichte, die Jools über ihre Heimreise erzählt:

Jools hat nämlich vorgesorgt und einige der Stäbchenindikatoren auf die Reise mitgenommen, die anhand des Morgenurins, ähnlich wie ein

Schwangerschaftstest, die fruchtbaren Tage anzeigen können. Just vor der Abfahrt zum Flughafen besagt ebendieser Test, dass der jetzige Zeitpunkt ein günstiger Zeitpunkt für eine Befruchtung wäre, zumindest aus Sicht der Stäbchen. Während Jools im Flugzeug nervös die Dauer der fruchtbaren Stunden in Bezug auf die Zeitzonen umrechnet und diese Gelegenheit schon verstreichen sieht, leuchtet das Stäbchen bei einem Toilettenbesuch kurz vor der Zwischenlandung in Los Angeles noch deutlicher auf als am Morgen! *Jetzt oder nie,* muss es in Jools' Kopf aufgeblinkt haben, und so rennen Jools, Jamie und dessen Agent durch den Flughafen von Los Angeles, um ein Bett zu suchen! Agenten von Künstlern werden sicher mit einigen kuriosen Aufgaben betreut, aber für seinen Schützling eine Beischlafgelegenheit auf einem internationalen Flughafen zu besorgen dürfte schon ziemlich weit oben stehen. Doch trotz groß angelegter Suche – es gibt keine Betten im Flughafen von Los Angeles. Die Chance ist scheinbar vertan, als kurz vor der Ankunft in London die Stäbchen immer noch behaupten: Noch ist alles möglich. Also nichts wie nach Hause!

Jools ruft vom Taxi aus ihre Schwester Lisa an, die während der Abwesenheit von Jamie und Jools die Handwerker beaufsichtigt, die (natürlich) immer noch am Renovieren sind. Sie gibt ihr den Auftrag, alle vorhandenen Handwerker vor ihrer Ankunft in ein Pub um die Ecke zu schicken. Alles klappt wie am Schnürchen, das Stelldichein kann stattfinden, und Jamie und Jools treffen anschließend im Pub auf die Schwester mitsamt Handwerkern – wobei Jools das Gefühl nicht loswird, dass diese gleich zu applaudieren anfangen.[46] Ob an diesem Tag oder einem anderen lässt sich nicht feststellen, aber die redlichen Bemühungen werden endlich von einem positiven Schwangerschaftstest gekürt. Und wie das bei prominenten Paaren so ist: Zuerst muss Jools mit verschiedenen Assistenten diskutieren, bevor sie Jamie ans Telefon

---

46 Jools Oliver, Minus Nine to One: The Diary of an Honest Mum, Penguin Verlag, ISBN-10: 0141026510

bekommt und ihm die frohe Botschaft übermitteln kann. Dieser muss zumindest äußerlich seine Freude im Zaum halten, denn inzwischen belagern Reporter das Haus der Olivers zu jeder Uhrzeit. Die Spekulationen über eine mögliche Schwangerschaft füllen die Boulevardblätter seit der Hochzeit. Obwohl die beiden die Schwangerschaft während der ersten drei Monate geheim halten wollen, um selbst die Ersten zu sein, die Freunden und Familie davon berichten, knickt Jools nach langer Belagerung in einem schwachen Moment ein. Sie hat es satt zu lügen, und die große Meldung macht die Runde: Die Olivers bekommen Nachwuchs.

Jamie geht auf Tour: Happy Days

Eine spannende Zeit, in jeglicher Hinsicht. Es ist Sommer 2001, Jools kämpft mit der Morgenübelkeit, und Jamie probt für eine Show, wie es sie noch nie gegeben hat.

Nie zuvor wurde in einer über zwei Stunden dauernden Bühnenshow einfach nur – gekocht! An 32 verschiedenen Orten in England, Australien und Neuseeland sollen Vorstellungen stattfinden, es ist eine Tour wie für eine Band, und die Show ist das Popkonzert.

In London wird das Hammersmith Apollo gebucht, ein ehemaliges Kino im Art-Déco-Stil, in dem schon unzählige Größen des Musikgeschäfts ihre CDs vorgestellt oder Videos gedreht haben – und es ist ausverkauft. Als Jamie am Abend seiner ersten Vorstellung mit dem Taxi zum Bühneneingang fährt und die Menge sieht, die sich vor dem Apollo tummelt, wird ihm angemessen mulmig. Gleichzeitig ist er aber auch stolz: All diese Leute kommen, um ihn kochen zu sehen. Kochen ist das neue Rock 'n' Roll, und er, ein Koch, ist der Star.

Das Publikum, das in das Theater strömt, weiß nicht, was es erwarten darf. Außer Jamie Oliver natürlich. Etwas Ähnliches gab es vorher noch nicht. Im Dunkeln leuchtet eine Großbildleinwand auf, und man sieht Jamie Oliver mit Parka und Helm auf seinem Roller durch London fahren, über die Hammersmith Bridge, direkt auf das Apollo zu. Jamie kracht auf der Leinwand in die Wand des Theaters, und schon kommt er live und mit eingeschalteten Scheinwerfern, Helm und Parka auf die Bühne gefahren. Rockstars erscheinen schließlich gerne mitsamt einem

Motorrad auf der Bühne – in diesem Fall ist es eben ein Koch mit seinem Roller. Es ist ein großartiger Auftakt. Die Show beginnt, und Jamie und eine 40-köpfige Crew haben sich wirklich eine Menge einfallen lassen, damit die Kochshow zum Event wird.

Schon zu Beginn ist Jamie klar, dass dies eine große Herausforderung werden würde. Eine riesige Bühne, zwei Stunden Zeit, und der einzige Act ist er selbst! Es gibt keine Bandkollegen oder Tänzer wie bei einem Konzert, und auch ein Szenenwechsel wie im Fernsehen ist nicht möglich. Trotzdem, und das ist die ganz große Leistung, ist die Show keinen Moment langweilig. Acht Kameras filmen ihn und vor allem seine Hände, während er kocht, und alles wird direkt auf die Großleinwand übertragen. Dem Auge wird viel geboten, und wer Jamie Oliver auch nur ein einziges Mal im Fernsehen gesehen hat, weiß auch, dass es jede Menge für die Ohren gibt. Der Mann plappert ununterbrochen. Auch gleich am Anfang: »Also, ich dachte, es kommen so 16 bis 20 Leute, und für die wollte ich Pizza bestellen ...«

Eine Pizza bestellt er dann allerdings tatsächlich, als Gegenstück zu der Pizza, die er gleich auf der Bühne zubereiten wird. Wobei selbst ein Jamie Oliver samt ausverkauftem Hammersmith Apollo zunächst in der Warteschleife des Pizzaservice hängt. »Bitte haben Sie einen Augenblick Geduld.« Als Jamie endlich bestellen kann, zählt er auf, was er alles auf seine Pizza möchte: »... mit Basilikum!«, worauf es aus dem Hörer kommt: »Wie heißt das Zeug? Haben wir nicht.«

»Und mit Anchovis!« »Haben wir auch nicht.«

Kurz, es ist ein Spaß für alle Beteiligten, außer vielleicht für die Dame vom Pizzaservice, und als Jamie die Adresse angibt: »Hammersmith Apollo«, und sich erkundigt, was er zahlen muss, fallen ihm vor Augenverdrehen selbige fast in den Hinterkopf, als die Dame meint: »Das muss ich jetzt erst mal zusammenzählen ...«

Jetzt reicht es, die Pizza wird selbst gemacht. »Ich brauche ein Kilo Mehl«, sagt Jamie und ruft ins Publikum: »Was brauche ich?«

»EIN KILO MEHL!«, tönt es aus dem Saal zurück.

Im Hammersmith Apollo wurden bestimmt schon viele Sprechchöre skandiert, aber *Ein Kilo Mehl* dürfte zum ersten Mal gefallen sein.

Er flirtet auch – na ja, wie Köche eben flirten: Eine Zuschauerin, die er auf die Bühne bittet, trägt sehr rote, sexy, kniehohe Stiefel. »Deine Stiefel sind toll«, lobt Jamie, »kann ich Brot da drin backen?«

Es ist durch und durch unterhaltend und abwechslungsreich.

Die Zuschauer lachen, staunen, und als Jamie zum Kuchenbacken einen vier Jahre alten Jungen zum Helfen auf die Bühne holt, sind sie auch noch gerührt. Der Kleine reicht noch nicht mal bis zur Arbeitsfläche, und da stellt Jamie ihn einfach auf acht seiner Bücher, was natürlich hinreißend aussieht. Endgültig schmelzen alle im Publikum, als der Kleine die Schokoladenkekse lieber isst, statt sie für den Kuchenboden zu zerbröseln, wie er das sollte.

Zwischendurch liefert ein etwas irritierter Pizzabote das aus, was ein Pizzaservice unter Pizza versteht, und Jamie veranstaltet einen Pastawettbewerb zwischen zwei Teams aus dem Publikum, die auf der Bühne in wenigen Minuten frische Pasta und die dazugehörige Sauce selber machen. Es ist eine wunderbare Stimmung, heiter und ausgelassen und auch etwas aufgedreht. Als Jamie, angefeuert vom Publikum, Eiweiß in einer Schüssel schlägt und dann den Test macht, ob es steif geworden ist, indem er sich die Schüssel umgekehrt über den Kopf hält – da flippen über 3000 Zuschauer aus! So eine Reaktion auf steifes Eiweiß bekommt nur Jamie Oliver.

Am Ende der Show präsentiert Jamie noch ein ganz besonderes Highlight: Sein Freund aus Kindertagen und Bandkollege bei *Scarlet Division*, Leigh Haggerwood, inzwischen ein erfolgreicher Musiker und Komponist, hat extra für Jamie ein Lied komponiert. Es ist eine Art Reggae-Song, und Jamie singt und hat den Text dazu geschrieben: ein Rezept!

Es ist ein Rezept für ein Lammcurry, und der Song heißt, Überraschung, *Lamb Curry*!

Als das Lied anfängt, das Publikum im Reggae-Rhythmus zu wippen beginnt und Jamie mitsingt, kocht er in Echtzeit auf der Bühne das, was die jeweilige Songzeile vorschreibt. Es ist unglaublich.[47]

Im Herbst des Jahres 2001 geht Jamie mit der Show auf Tour. Sie wird ein großer Erfolg mit über 17 000 Zuschauern in ausverkauften Sälen in England und sieben verschiedenen Städten in Australien und Neuseeland. Jamie Oliver ist zu einem globalen Phänomen geworden.

---

47 Wer die Shows verpasst hat, kann sich übrigens die Vorstellung im Apollo in London auf DVD besorgen, sie heißt: Jamie Oliver – Happy Days, ASIN: B0002ZCJHU.

Jamie und die schwierigen Jugendlichen

Mit 27 hat Jamie inzwischen mehr erreicht, als ein junger Koch sich vorstellen kann. Er ist während der *Naked-Chef*-Sendungen gewachsen, und die Welt hat ihm dabei zugesehen. Er ist nicht mehr nur der lustige Typ mit der Strubbelfrisur, er ist erwachsener und reifer geworden. Als er in einem Interview mit dem *Penguin Verlag* gefragt wird: »Was ist besser, zu geben oder zu empfangen?«, antwortet er ungewohnt überlegt: »Zu empfangen, wenn man jung ist, und zu geben, wenn man älter ist.« Eine Einsicht, die ausschlaggebend für eine wichtige Entscheidung Jamies ist. Nach allem, was er bis jetzt empfangen hat, fühlt er, dass es Zeit ist, etwas zurückzugeben. Jamie hatte immer Mentoren an seiner Seite, die ihn unterstützt und gefördert haben: zunächst seinen Vater, dann den Betreiber des *Starr*, wo er sein erstes Praktikum absolvierte, schließlich Gennaro Contaldo und die *River-Café*-Ladys Rose Gray und Ruth Rogers. Sein Erfolg ist auch der Verdienst von ihnen allen, und Jamie ist sich dessen sehr wohl bewusst. Was liegt also näher, als selbst in die Rolle des Mentors zu schlüpfen?

Er ist der Ansicht, dass Kochen nicht ein Talent ist, das man in die Wiege gelegt bekommt, sondern etwas, das man sich aneignen kann, und dass Erfolg nur auf harter Arbeit und einer Portion Glück begründet ist. Nun will er anderen auch eine solche Chance bieten, wie er sie selbst bekommen hat. Mit 15 unterprivilegierten Jugendlichen, die dringend eine zweite Chance brauchen, will er ein großartiges Projekt starten, das er *Jamie's Kitchen* nennt. Er will sie zu Köchen ausbilden und sie in einem Restaurant in London anstellen, das er nur zu diesem Zweck eröffnen wird. Und zwar nicht irgendein Restaurant, sondern ein Spitzenrestaurant. Das Restaurant soll den Namen der Protagonisten tragen: *Fifteen*. Die 15 Jugendlichen müssen die harte Arbeit einbringen, er bietet ihnen eine Chance und die Portion Glück, die ihnen bis jetzt gefehlt hat.

Die Erlöse des Restaurants könnten direkt wieder investiert werden, und so soll sich das Projekt am Ende selbst tragen. Eine Stiftung, die Gewinn abwirft und sich damit selbst sponsert. Wenn diese Idee funktioniert, dann könnte man Restaurants im ganzen Land aufmachen, jedes Jahr einen neuen Jahrgang von Schülern aufnehmen, sie auf Lehrgänge in die ganze Welt schicken – es klingt fast zu schön, um wahr werden zu können.

Die Idee, mit benachteiligten Jugendlichen zu arbeiten, geistert Jamie schon seit seinen Zeiten im *River Café* im Kopf herum, seit einem Gespräch mit seiner Freundin Kirsty. Sie arbeitet mit Jugendlichen, die weder zu Hause noch in der Schule zurechtkommen, die aggressiv sind, verhaltensauffällig und nicht selten kriminell. Sie erzählt ihm, wie wichtig es für diese Jugendlichen sei, die Erfahrung zu machen, dass sie etwas können, dass sie lernen, sich etwas zuzutrauen, dass man ihnen Verantwortung gibt und sie inspiriert – und wie gut in diesem Zusammenhang der Kochunterricht bei den Jugendlichen ankommt. Beim Kochen werden alle Sinne angesprochen, es ist kreativ, und wenn sie etwas richtig machen, können sie das Ergebnis sofort sehen. Außerdem macht es Spaß, und man kann das selbst Geschaffene danach sogar essen!

Jamie kann das sofort nachvollziehen. Er war als Teenager schließlich selbst nicht das hellste Licht im Hafen, und ihm ist klar, dass er es zum großen Teil seinem Vater zu verdanken hat, der ihm seine Arbeitseinstellung und seine Entschlossenheit vermittelt hat, dass sein Leben auf positive Weise verlaufen ist. Genau diesen Part will Jamie nun übernehmen. Er will die Jugendlichen motivieren, sie inspirieren und sie diese wunderbare Erfahrung machen lassen, die ihm zuteilwurde, als er Anerkennung für seine Arbeit in der Küche bekam: *Hey, ich bin kein Hohlkopf, ich bin zu etwas nütze!* Und wo er nun sowieso bald Vater wird, wird er eben gleich Vater von 15 mehr.

Dass Kochen eine Art Rettungsleine für Verlorene sein kann, hat zu diesem Zeitpunkt bereits ein anderer berühmter Chefkoch bewiesen: Gordon Ramsay. Die Kindheit und Jugend, die Ramsay in seiner Biografie beschreibt, sind katastrophal. Ein gewalttätiger, trinkender Vater, eine schwache Mutter und permanente Ortswechsel, wenn der Vater wieder irgendwo scheiterte. Gordons zu Hause ist von Misshandlung und Gleichgültigkeit geprägt. Bis zum Alter von 16 Jahren hält er es aus, dann haut er ab. Als ob das Schicksal noch eins draufsetzen wollte, muss er bald darauf wegen einer Knieverletzung seine vielversprechende Karriere als Fußballspieler aufgeben, bevor sie überhaupt richtig begonnen hat. Kurz, es sah nicht gut aus für Gordon Ramsay. Wer weiß, wie sein Leben weiter verlaufen wäre, hätte er nicht seine Leidenschaft für das Kochen entdeckt. Das Quäntchen Glück in Gordons Fall ist der *Rotary Club*, der ihm eine Ausbildung auf einem College für Hotel- und Gaststättengewerbe finanziert. Gordon hat etwas daraus gemacht: Er ist bisher mit 13 Michelin-Sternen ausgezeichnet worden. Er hat über 20 Bücher veröffentlicht, besitzt knapp 20 Restaurants und ist der Star einer Handvoll Fernsehserien rund um die Küche, die ihm den Ruf des *härtesten Küchenchefs der Welt* eingebracht haben. In Deutschland ausgestrahlt wurde: *Chef ohne Gnade*, (deutsche Erstausstrahlung: 08.11.2007 DMAX), besser bekannt in seiner Adaption durch Christian Rach in *Rach, der Restauranttester*.

Jamie ist ein großer Bewunderer Ramsays und kennt dessen Geschichte, sie bestärkt ihn in seiner Überzeugung. Sonst tut es jedoch niemand, denn Jamies Eltern, Jools, sein Finanzberater und seine Freunde raten ihm von dem Projekt gründlich ab. Hätte Jamie vorher gewusst, was im Laufe des nächsten Jahres auf ihn zukommen würde, hätte er ihnen vermutlich recht gegeben.

Zu Hause ist derweilen die Aufregung groß, denn die Schwangerschaft schreitet voran, und wenn man Jools fragt, hat ihr Mann definitiv zu wenig Zeit für sie. Dass sie damit vielleicht nicht ganz unrecht hat, schwant einem, als Jools erzählt, wie sie versucht, für die erste große Schwangerschaftsuntersuchung einen Termin zu vereinbaren, bei dem Jamie sie begleiten kann. Laut seiner Assistentin würde es gut in drei Monaten passen – woraufhin Jools die Sprechstundenhilfe und Jamies Assistentin direkt miteinander verhandeln lässt. Keine Frage, Zeit ist Mangelware in Jamies Leben.

Und es wird nicht besser, es geht erst richtig los. Jamie sucht mit Unterstützung eines Architekten und eines Restaurantfachmanns nach einem geeigneten Ort für das Restaurant. Was sie finden, ist eine ehemalige Galerie, die sie in sechs Monaten zu einem funktionierenden Restaurant samt Kochschule umbauen müssen. Er kontaktiert außerdem alle Leute, die er kennt und auf deren Unterstützung er hofft: die Zulieferer, die Damen vom *River Café*, Gennaro, die Besitzerin des reizenden Käseladens aus *The Naked Chef* und einen Farmer mit Schweinezucht, Kollegen, die sich inzwischen selbstständig gemacht haben, Winzer und Gastro-Pub-Besitzer aus Essex. Alle sagen ihre Hilfe als Mentoren zu. Er verhandelt mit seinem ehemaligen College, wo die Schüler eine intensive Grundausbildung erhalten sollen, und ruft über eine Radiosendung Jugendliche dazu auf, sich zu bewerben. Auch die Jobcenter in London werden angeschrieben: Gesucht werden Jugendliche im Alter zwischen 18 und 24 Jahren ohne Ausbildungsplatz (und mit wenig Aussicht, einen zu bekommen), die Interesse für das Kochen mitbringen. 1500 Bewerber folgen dem Ruf.

Jamie und die schwierigen Jugendlichen

Jamies ehemaliges College und das Produktionsteam helfen, die Bewerber auf 60 zu begrenzen. Mit Unterstützung von Gennaro und noch einigen mehr muss Jamie nun 15 auswählen. Es gibt einen Geschmackstest, bei dem jede/r Aspirant/in zwei verschiedene Gerichte probiert. Die spannende Frage ist: Was schmecken und riechen sie? Finden sie heraus, welche Zutaten in den Gerichten stecken? Salzig, bitter, süß, was ist der dominante Geschmack?

Die Reaktionen geben schon einen kleinen, man verzeihe die Anspielung, Vorgeschmack auf die kommenden Monate: Einer hat eine Allergie auf alles, einige spucken nach ein paarmal Kauen das Probierte wieder aus, wieder andere nehmen es gar nicht erst in den Mund, und noch einer fragt, ob die dargebotene Probe auch wirklich nicht gefährlich sei. Einen Geschmack kann fast keiner nennen. Je mehr Probanden durch die Küche ziehen, desto klarer wird Jamie, dass die Schwierigkeit nicht sein wird, diejenigen auszusortieren, die nicht aufgenommen werden sollen – sondern diejenigen zu finden, die genommen werden.

Anschließend wird gekocht: Jamie zeigt in den Räumen seines alten Colleges, wie er Gemüse kocht, nebenbei ein Stück Fisch brät und es anrichtet. Das sollen die Aspiranten nachmachen, so gut sie können. Es geht dabei weniger darum, es perfekt hinzukriegen, sondern Jamie will sehen, wer aufmerksam ist, wer gut beobachtet hat und wer den Mut hat hinzufassen. Auch hier kommt es nicht viel besser: Das Fischfilet wird nicht auf der Hautseite, sondern auf der Innenseite angeritzt, einer schneidet die Spargelspitzen ab und wirft sie weg, und irgendwo brennt Öl. So hatte sich Jamie das nicht vorgestellt.

Was als einfacher, netter Test gedacht war, gerät zu einem peinlichen Vorführen der Jugendlichen. Vielleicht hatte er gehofft, ein ähnliches Staunen auf dem einen oder anderen Gesicht zu sehen wie damals, als er ein kleiner Junge war und seine Freunde das erste Mal geräucherten Lachs mit Zitrone probieren ließ. Ihm ist klar, dass die Jugendlichen beim Kochen Fehler machen würden – aber dass nun Zuschauer über einen Jungen lachen, der in seinem Leben noch keinen Spargel gesehen hat, findet er schrecklich. Die Mitteilung, welche 15 es nun geschafft haben, versucht er, entgegen aller Castingshow-Prinzipien, möglichst nicht in die Länge zu ziehen. Schnell und schmerzlos gibt er die Namen derer bekannt, die aufgenommen sind, und tröstet die, die wieder gehen müssen. Er nimmt die in den Arm, die weinen, schenkt ihnen seine Bücher und versucht, ihnen Mut zu machen, sich für nächstes Jahr noch einmal zu bewerben. Als die finalen 15 Kochanwärter feststehen, outet sich eine der Auserwählten als Reporterin für den *Daily Mirror*, sie ist als Maulwurf geschickt worden. Die Presse ist immer noch auf der Suche nach der dunklen Seite des Jamie Oliver. Jamie ist empört. Er kann nicht fassen, dass er 15 unterprivilegierten Youngsters eine neue Chance im Leben geben möchte – und eine von ihnen eine »fucking« Journalistin ist. Für den *Daily Mirror* geht die Rechnung nicht so richtig auf: Besagte Journalistin erwischte Jamie weder beim Fremdgehen noch beim Koksen auf dem Klo, sondern fand sich zwei Minuten nach dem ersten Kennenlernen in seinen Armen wieder. Sie war beim Geschmackstest so aufgeregt, dass sie zitterte – und Jamie unterbrach, um sie mit einer Umarmung zu beruhigen. Am Ende schwärmt sie lediglich, was für ein warmherziger, großzügiger, einfühlsamer, liebevoller, freundlicher, engagierter, altruistischer, wunderbarer Kerl er sei.

Ein turbulenter Start.

Jamie hat sich viel vorgenommen, so viel ist klar. Binnen der nächsten Monate muss er:

– ein Restaurant aufbauen
– Geld auftreiben
– aus dem jungen Gemüse Köche machen
– sich um Jools kümmern
– ein Baby bekommen (maßgeblich unterstützt von Jools)

Jamie und die schwierigen Jugendlichen

Gleichzeitig hat er noch Auftritte für die *Happy Days Tour* zu bewältigen und muss für drei Wochen nach Australien. Er bereitet eine neue TV-Kochserie vor, speziell für das Ausland, und gründet dafür eine eigene Produktion, er gibt Interviews, geht zur Geburtsvorbereitung mit Jools und verhandelt mit Sainsbury's, um den Vertrag zu verlängern, und mit dem Sender BBC, um das Projekt mit den Jugendlichen als Serie zu platzieren.

Es geht rund in Jamies Leben, und obwohl er es gewohnt ist, auf vielen Hochzeiten gleichzeitig zu tanzen und kaum mehr als fünf Stunden pro Nacht schläft, häufen sich die Probleme.

Die Vertragsverlängerung mit Sainsbury's will den Leuten bei BBC überhaupt nicht gefallen, von dem Konzept der geplanten Sendung (Arbeitstitel: *Oliver's Army*) sind sie ebenfalls nicht überzeugt, und so kündigen sie im Februar 2002 die Zusammenarbeit auf.

Jamie ist enttäuscht. Er macht sich trotzdem sofort auf und verhandelt mit der Konkurrenz, Channel 4. Hier kommt es zu einer Einigung, allerdings mit einem großen Haken für Jamie: Der Chefredakteur von Channel 4 macht zur Bedingung, dass Jamie 24 Stunden am Tag zur Verfügung steht, dass er keinen Einfluss darauf hat, welche Einstellungen gezeigt werden, und dass jeder Ehekrach der Olivers, der dem Team vor die Linse kommt, gefilmt werden darf – sonst platzt der Deal. Jamie sagt trotzdem zu.

Die Kosten für das neue Projekt übersteigen schon bald das veranschlagte Budget. Jamie steckt einen Großteil des Geldes, das er von Sainsbury's bekommt, hinein. Nicht nur das – er nimmt später, als auch das nicht mehr ausreicht, eine Hypothek auf das Haus auf, das er und Jools gekauft haben. Apropos, der Umzug dorthin steht auch noch an.

Jools ist hochschwanger, als sie und Jamie mit ein paar Freunden den Lieferwagen beladen, um Kisten und Möbel in das neue Heim zu schaffen. Während Jools Kisten auspackt, die Böden wischt, putzt und mit ihrer Schwester und einem Freund versucht, das Kinderbett aufzubauen, traut sie ihren Augen nicht: Jamie steht in der neuen Küche des Hauses und kocht einem begeisterten Team einer Kochzeitschrift etwas vor – er hatte tatsächlich für diesen Tag einen Termin für ein Foto-shooting ausgemacht! Es ist dem Wutausbruch einer Hochschwangeren zuzuschreiben, dass das gesamte Team nach dem Shooting die Ärmel hochkrempelt und beim Ausräumen hilft.[48]

Es geht rund in Jamies Leben: Während er mit den 15 Kids durch die Lernküche seines ehemaligen Colleges wirbelt, ruft Jools an. Die Kamera ist natürlich immer dabei, auch als er konsterniert ins Telefon blickt: »Was meinst du mit *Wehen*?« Die Kamera läuft auch während eines Gesprächs mit dem Finanzberater, den Jamie kommen lässt, nachdem ein Herr von der Bank vor der Tür stand.

Jamie: »Was machen Sie denn hier?«

Herr von der Bank: »Ich schätze den Wert der Firma!«

Jamie: »Warum?«

Herr von der Bank: »Weil Sie Schulden machen!«

Etwas muss sich ändern, Jamie muss zum ersten Mal einsehen, dass er sich zu viel aufbürdet – zumal der Geburtstermin näher rückt und einen neuen, reizenden Lebensmittelpunkt bringen wird. Sobald das Baby da ist, will er sich die Wochenenden freinehmen und für die Familie da sein, zumindest ist das der Plan. Er engagiert zusätzlich zu seiner persönlichen Assistentin:

- eine Testköchin, die seine Rezepte nachkocht und auf Amateurtauglichkeit überprüft
- eine Assistentin, die ihm in der Küche hilft
- einen Presseagenten
- einen Terminverwalter
- und einen Agenten, der sich ausschließlich um die Geschäfte mit Sainsbury's kümmert.

---

48 Jools Oliver, Minus Nine to One: The Diary of an Honest Mum, Penguin Verlag, ISBN-10: 0141026510.

Außerdem verlässt er nach gründlicher Überlegung die Band *Scarlet Division*, die sich daraufhin auflöst. Um professionell Musik zu machen, hat es nicht gereicht, und für ein Hobby hat Jamie keine Zeit. Es fällt ihm schwer, diesen Jugendtraum endgültig zu begraben. Ihm kommt der Gedanke, dass seine Berühmtheit der Band vielleicht mehr geschadet als genutzt hat, dass sie seinetwegen nie richtig ernst genommen wurde. Seiner Freundschaft mit Leigh tut dies jedoch keinen Abbruch.

Eine knappe Woche nach dem errechneten Geburtstermin ist es schließlich so weit. Während Jamie seiner Schwiegermutter in der Küche des neu eingerichteten Hauses ein Hühnchen brät, setzen bei Jools die ersten ernst zu nehmenden Wehen ein. Die drei packen alles Notwendige zusammen und fahren ins Krankenhaus. Bald werden sie Eltern (und Oma) sein, doch als sich herausstellt, dass es wohl noch eine Zeit dauern wird, bricht bei dem werdenden Vater der Koch durch. Er sieht nämlich etwas besorgt aus, und als Jools ihn beruhigen will, es gehe ihr gut, nimmt er ihre Hand: Er mache sich keine Sorgen, aber da sei doch dieses Huhn im Ofen – ob er das nicht besser fertig braten solle?

Jools hat ihn in diesem Moment nicht erschlagen, und so kam er auch rechtzeitig zur Geburt von Poppy Honey Rosie Oliver, kurz *Pops*, wieder zurück. (Poppy Honey heißt übrigens Mohnblütenhonig, und die frischgebackenen Eltern hatten seit Jahren geplant, dass dies der Name für ihr erstes Mädchen sein sollte. Einen Jungen hätten sie Elvis genannt.)

Nachdem am nächsten Tag die erste Besucher- und Glückwunschwelle durch das Krankenhauszimmer gezogen ist und Jools Hunger bekommt, fährt Jamie los, um etwas für sie zu kochen. Als Jools, die unterdessen eingeschlafen ist, die Augen öffnet und ins Kinderbettchen sieht, steht darin eine Schüssel *Pukkola* (ein wunderbar reichhaltiges Müsli mit getrockneten Früchten und Nüssen).

Der jungen Familie kommt entgegen, dass in der Anfangszeit die 15 Jugendlichen eine Basisausbildung durchlaufen, in der Jamie nicht ständig vor Ort sein muss. In Zusammenarbeit mit seinem College lässt er sie in der Obhut seiner alten Lehrer, und falls den fünfzehn bis zu diesem Zeitpunkt noch nicht klar ist, was auf sie zukommt, dann lernen sie es jetzt mit ihrem Dozenten: Er ist ein strenger, akkurater, deutscher Chefkoch mit genau jenem deutschen Akzent, mit dem in ausländischen Filmen die Bösewichte aus dem »Dritten Reich« gekennzeichnet werden.

Sowohl Jamie als auch den Lehrern war von Beginn an bewusst, dass sie es mit einer Truppe von Leuten zu tun haben, die voraussichtlich mehr Probleme mit Disziplin, Ordnung und Planung haben würde als andere Schüler. Die Probleme sind jedoch noch größer als angenommen. Viele kommen kontinuierlich zu spät, einer hat ADHS und nimmt seine Medikamente nicht, andere kommen überhaupt nicht oder nur sporadisch. Als nach unzähligen Ermahnungen, Drohungen, Bitten und Einzelgesprächen keine Änderung eintritt, bestellen die Lehrer Jamie ein. Ihrer Meinung nach sollten einige der Jugendlichen die Schule verlassen.

Jamie ist zunächst konsterniert. Er hatte erwartet, dass die Zeit knapp werden würde, ihnen alles beizubringen, was sie wissen müssen. Er nahm an, dass die Jugendlichen glücklich über diese Chance wären und machen würden, was man ihnen sagt. Manche tun das auch, aber fast die Hälfte der Kochanwärter sind anscheinend »hoffnungslose Fälle«.

Jamie schmeißt die »hoffnungslosen Fälle« trotzdem nicht raus. Stattdessen telefoniert er ihnen hinterher, sucht das persönliche Gespräch, zu einem fährt er nach Hause, einer anderen zahlt er das Busticket. Immer wieder zeigt er: Ich will euch hier haben, ich will, dass ihr kommt, und ihr seid es wert, dass ich mich um euch bemühe. Über Jamie zeigt das wiederum, wie erwachsen *er* geworden ist. Die Lehrer, ebenso wie viele Zuschauer, können Jamies permanentes Verzeihen aller Verfehlungen seiner Problemfälle längst nicht mehr verstehen. Sie würden die Herrschaften vermutlich lieber an den Schultern nehmen und schütteln. Wie gut, dass Jugendliche mit Problemen in der Regel von professionellen Betreuern umgeben sind, die mehr Verständnis und daher mehr Geduld als Zuschauer haben. Sie wissen, dass es sich bei der Schwänzerei oft um eine Art Selbstsabotage handelt, dass die Jugendlichen sich selbst um ihre Möglichkeiten bringen, weil sie sich als unfähig und wertlos empfinden – und das sind nun einmal keine guten Grundlagen für Motivation. Abgesehen davon, dass das Chaos ihres Lebens nicht in einen strukturierten Tagesablauf passen will.

Jamies Einstellung zu seinen schwierigen Fällen ist klar: »Bei dem ganzen Projekt geht es um zweite Chancen und darum, die Leute auch dann nicht aufzugeben, wenn es jeder andere tun würde.« Er gibt sie nicht auf. Nicht die runde Kellyann, die er beim Schwänzen im Einkaufszentrum aufstöbert, und auch nicht den jungen Michael, den die Schulleiterin persönlich feuert, als er ihr gegenüber aggressiv wird: Jamie handelt aus, dass Michael zum nächsten Kurs kommen darf, wenn er an einem Antiaggressionstraining teilnimmt. Er macht ihnen allen immer wieder Mut und versucht ihnen zu vermitteln, dass sie es schaffen können, dass wenigstens er an sie glaubt. Deswegen ist er auch vor Ort, als er für seine fünfzehn eine Woche Nachtschicht in der Bäckerei organisiert. Jede Nacht steht er um zwei Uhr auf der Matte und ist bei ihnen.

Die Zeit, die Jamie in das Projekt steckt, fehlt ihm für seine neu gegründete Familie. Auch die Nachteile des Deals mit dem Chefredakteur von Channel 4 machen sich jetzt bemerkbar: Der ist nämlich davon überzeugt, dass es nach den großen Erfolgen der letzten Jahre Jamie gut zu Gesicht stünde, wenn die Zuschauer ihn straucheln sehen. Dazu werden hauptsächlich die privaten Szenen genutzt, die eine schimpfende Jools mit Poppy im Arm zeigen, angespannte Situationen, in denen sie sich über seine ständige Abwesenheit beschwert und den Zeitungen Stoff liefert, über eine bevorstehende Trennung zu spekulieren. Ein überzogenes Bild, dem Jamie nur Herr wird, indem er den Chefredakteur persönlich anruft und ihn um etwas mehr Zurückhaltung bittet. Es ist das erste Mal, dass Jamie versucht, sein Privatleben, Jools und das Baby zu schützen.

Bis zu diesem Zeitpunkt hatte Jamie keine Probleme damit, eine öffentliche Person zu sein. Vielen kommt die Leichtigkeit, mit der Jamie bis dahin seine Freunde und seine Familie der Öffentlichkeit präsentiert, und die Offenheit, mit der er über Privates spricht, übertrieben vor. Wer will, sieht darin Publicity um jeden Preis. Tatsächlich aber fühlt sich Jamie der Öffentlichkeit verpflichtet, er steht bei ihr seiner Meinung nach in der Kreide. Die Öffentlichkeit ist es, die ihn reich gemacht hat, sie ist sein wahrer Arbeitgeber. Darum schlägt Jamie nie einen Autogrammwunsch aus, nicht während eines Geburtstagsessens mit seiner Frau, nicht, wenn er hundemüde zu seinem Hotelzimmer wankt, und nicht einmal, wenn er heulend aus dem Krankenhauszimmer seiner Großmutter kommt und bereits eine Schlange von Leuten auf ihn und ein Autogramm wartet.

Um den fünfzehn etwas über die Qualität von Fleisch beizubringen, macht Jamie mit ihnen einen Campingausflug zu einem befreundeten Schweinebauern. Für einige aus der Truppe ist das der erste Ausflug aufs Land überhaupt. Sie machen Würste selbst und kreieren Soßen, sie lernen, welche Teile zu was verarbeitet werden, und am Abend, als alle gemütlich um ein Lagerfeuer sitzen, platzt endlich der Knoten zwischen Jamie und den fünfzehn. Es ist ein Moment der Wahrheit, als Jamie ihnen sagt, sie würden sich nicht so reinhängen, wie er es sich erhofft hatte – worauf endlich eine der fünfzehn ihren Mut zusammennimmt und ausspricht, was sie alle (und vermutlich auch einige der Zuschauer) beschäftigt:

»Wir denken uns: Was ist das hier? Ist das vielleicht so eine Art Pressenummer?« Jamie ist sichtlich getroffen. Als er ihnen mit leiser Stimme erzählt, wie viel Geld er in dieses Projekt steckt, dass er seine Firma und sogar sein eigenes Haus als Sicherheit bei der Bank hinterlegt hat, sind die fünfzehn wie vom Donner gerührt. Sie hatten bis zu diesem Moment an Jamies Motiven gezweifelt. Die ganzen Gespräche unter vier Augen, Jamies Einsatz für jeden Einzelnen der Problemfälle und alle Anstrengungen waren die ganze Zeit über aus Sicht der Jugendlichen eventuell *so eine Art Pressenummer.* Dass er tatsächlich seinen Hintern riskiert, beeindruckt sie sehr. Es interessiert ihn also wirklich, sie interessieren ihn wirklich, es stimmt, was er ihnen die ganze Zeit sagt. Gingen sie unter, ginge er mit ihnen unter.

Jamie hofft, dass die Dinge sich zum Guten wenden, da die Jugendlichen nun wissen, was auf dem Spiel steht. Er schickt seine Schützlinge für ein Praktikum in verschiedene Londoner Toprestaurants (die Jamie gern den Gefallen tun), um sie auf das Leben in der Profiküche vorzubereiten. Er selbst muss für eine Woche nach Japan, und als er zurückkommt, fällt er aus allen Wolken: Die Eröffnung des Restaurants muss verschoben werden, weil es zwischen der Bauleitung und den Behörden Ärger gibt. Die Kosten gehen durch die Decke. Außerdem haben es drei der fünfzehn doch nicht geschafft, ihren Schweinehund zu überwinden, und haben das Projekt verlassen. Es ist übrigens die Sendung mit den meisten ›Fuck!‹- und ›That pisses me off!‹«-Kommentaren seitens Jamies, die es je gegeben hat (und vermutlich geben wird).

Die Küchenchefin Ruth Watson, die Jamie schon bei der Auswahl der fünfzehn geholfen hat und in ihrem Hotel und Restaurant zwei der Praktikantinnen aufnimmt, ist am Ende des Praktikums überzeugt davon, dass die beiden keine Ahnung haben, was auf sie zukommt. Jamie müsse ihrer Meinung nach mit den Aspiranten eine andere Gangart einlegen. Ansonsten würden sie alle noch ihr blaues Wunder erleben.

Es hat den Anschein, als dass sich Jamie die Worte seiner Freundin zu Herzen nimmt. Er lässt die Truppe antreten (drei kommen gar nicht und einer acht Stunden zu spät). Er will ihnen einige simple Gerichte zeigen, die sie für ein Probeessen mit 30 Gästen zubereiten müssen. In der Profiküche des Colleges wird geschnippelt und gerührt, denn pünktlich um 18 Uhr kommen die ersten Bestellungen herein. Kurz darauf muss der Erste ins Krankenhaus gebracht werden, er hat sich geschnitten. Jamie steht an der Essensausgabe, kontrolliert die Teller und ruft die neuen Bestellungen nach hinten. Im Gegensatz zu denen, die ihren Job gut machen, die sich gut vorbereitet haben und brav ihre Teller rausgeben, kommt es bei denjenigen, die das Ganze ein wenig zu schludrig angehen, zum perfekten Chaos. Jamie erhöht den Stress, ruft nach den fehlenden Essen und fragt, was er bitte schön den Gästen sagen solle, es geht heiß her, und es dauert nicht lange, bis die ersten Tränen fließen.

Jamie bricht die Kocherei ab, er ruft alle zusammen und geht mit ihnen in den Speisesaal nach nebenan, zu den Gästen. Das Einzige, was sich in diesem Saal befindet, zur Erleichterung der einen und zur Enttäuschung der anderen, ist ein langer Tisch mit allen Gerichten, die sie bis zu diesem Zeitpunkt herausgegeben haben. Jamie hat die Truppe mit voller Absicht gegen die Wand laufen lassen. »Sie müssen es fühlen«, sagt er – und organisiert gleich das nächste Essen, diesmal mit wirklichen Gästen. Freunde und Kollegen aus der Gastronomieszene kommen.

Diesmal geben die angehenden Köche wirklich Gas (nur einer kommt nicht, eine kommt zu spät), und es läuft – nicht schlecht! Niemand landet im Krankenhaus, die Essen gehen zeitnah raus, die Gäste schwärmen – natürlich nicht alle. Am Ende dieses Abends gibt es zum ersten Mal Applaus, und auch wenn die Jugendlichen diesen eher schüchtern entgegennehmen, sieht man bei manchen das erste Lächeln. Einen letzten Test macht Jamie mit den fünfzehn in einem Landhotel, wo sie für 200 Personen kochen (eine kommt nicht). Abgesehen von einigen kleineren Katastrophen bekommen sie es hin. Jamie ist begeistert.

»Ihr habt euch so toll gemacht«, lobt er sie am nächsten Tag, und hie und da werden die ersten Azubi-Augen feucht vor Stolz. Als Jamie von einer kurzen Amerikatour zurückkommt, soll das Restaurant endlich eröffnet werden. Wie immer rührt Jamie die Werbetrommel, indem er Interviews gibt, sich für die Fotografen in Pose schmeißt und in jeder Show erklärt, was es mit dem *Fifteen* auf sich hat.

Eine andere, kleine und sehr private Nachricht will er aber nur jemand Besonderem mitteilen: seiner Lieblingsjournalistin Lynda. Diesmal völlig unbemerkt von der Presse, und zunächst auch von Jamie und Jools, hat sich wieder Nachwuchs auf den Weg gemacht. Poppy ist erst wenige Monate alt, als Jamie Lynda zu sich nach Hause einlädt, um ihr von der Schwangerschaft zu erzählen und es damit offiziell zu machen. Die schöne Nachricht wird jedoch schon bald überschattet:

Die Eröffnung des *Fifteen* muss nochmals verschoben werden, es gibt immer noch Probleme auf der Baustelle. Probleme, die laut Jamie »bigger than King Kong's Skrotum« sind. Die Angestellten sind jedoch schon engagiert und werden bezahlt – fürs Nichtstun. Die Kosten laufen völlig aus dem Ruder, inzwischen sind die anfänglich veranschlagten 700.000 Euro zu einem Berg von 1,6 Millionen Euro angewachsen. Allein das Abwasserproblem lässt den Quadratmeterpreis der Toiletten auf sage und schreibe knapp 10.000 Euro ansteigen, das sind über 100.000 Euro – nur für den Toilettenbereich.

Jamie ist mit den Nerven am Ende, bespricht sich mit Architekten, dem Produktionsteam und den Finanzberatern – und tröstet weiter die ewige Schwänzerin der fünfzehn, die heulend an seiner Brust lehnt. Als es nur noch wenige Tage bis zur endgültigen Eröffnung sind, regnet es ins Lokal, der Gastraum ist ein Chaos, Kabel hängen von den Decken, und Jamie lacht das Lachen der Verzweifelten. Vier Stunden vor der Eröffnung sieht es immer noch so aus.

Es wird trotzdem eine großartige Eröffnung. Das Essen ist wunderbar, die Gäste begeistert, wir sehen Michael, der von der Schule flog, der mit seiner Mum kommt und sich auf den nächsten Kurs freut, Jools mit Babybauch, glückliche Gesichter und Jamie, der es fast nicht glauben kann, dass es tatsächlich geschafft sein soll. Nun, so ganz geschafft ist es auch noch nicht. Der Abend, auf den es ankommt, ist der darauffolgende. Nämlich der Abend, an dem 25 Kritiker, unter ihnen Londons Topkritikerin, zum Essen kommen. Jamie ist an diesem Abend so nervös, wie es sonst nur seine Schützlinge sind. Seine Reputation und die Zukunft des Restaurants hängen von diesen Leuten und deren Urteil ab. Es ist der berühmte Moment, von dem alles abhängt.

»Jamie Oliver sollte das Victoria-Kreuz verliehen bekommen« (*Times*). »Es war fantastisch. Wir saßen da und versuchten uns zu erinnern, wann wir das letzte Mal drei so herausragend gute Gänge gegessen haben.« (*The Independent*). »Jamie Oliver sollte für Fleiß, Energie, finanzielles Risiko und wahres Einfühlungsvermögen zum Ritter geschlagen werden.« (*London Evening Standard*), und die *Sunday Times* ist »gewaltig beeindruckt von dem Restaurant«.

Das *Fifteen* ist seitdem und bis heute jeden Tag ausgebucht.
Vielleicht hat die Queen an diesem Tag die Zeitung gelesen. Sie kommt auf jeden Fall dem Rat des *Independent* ansatzweise nach und kürt Jamie Oliver im Jahr darauf zum *Member of the Order of the British Empire*. Er ist mit seinen 28 Jahren der Jüngste, dem diese Ehre zuteilwird. Seine Hoffnung, dadurch keine Strafzettel für Falschparken mehr zu bekommen, hat sich nicht erfüllt.

Seit die ersten fünfzehn ihre Ausbildung zu Ende gebracht haben (am Schluss sind es acht), beginnen jedes Jahr 15 Jugendliche ihre Ausbildung in der *Fifteen Foundation*. Seit dem Folgejahr der Ausstrahlung schließen fast alle Teilnehmer die Ausbildung erfolgreich ab. Ausgewählt werden diejenigen, die am wenigsten Chancen auf dem Arbeitsmarkt haben und diese Chance am dringendsten brauchten. Alle Einkünfte fließen direkt in die Stiftung, um ehemalige, derzeitige und zukünftige Auszubildende zu unterstützen.

Fifteen ist das Projekt, das Jamie bis heute am nächsten steht und dem er sich vermutlich für den Rest seines Lebens verpflichtet fühlen wird.

Im Februar 2002 gewinnt *Fifteen London* den *Tatler Best Restaurant Award*, im März gewinnt Jamie den *Academy Award of Excellence* bei den *Tio Pepe Carlton London Restaurant Awards*, im Mai wird *Jamie's Kitchen* bei den *GQ/Glenfiddich Food and Drink Awards* zur besten TV-Kochshow gewählt und Jamie als *Food and Drink Personality des Jahres* geehrt. Im gleichen Jahr gewinnt Jamie den *Time Out's Special Award* für herausragende Leistungen bei den *Magazine's Food Awards*.

2004 macht die Stiftung ein *Fifteen Restaurant* nach gleichem Muster in Amsterdam auf, 2006 folgt eines in Cornwall, einer der ärmsten Regionen des Landes, wo *Fifteen* 70 Arbeitsplätze sichert und jährlich 1,3 Millionen Euro unter die lokalen Zulieferer bringt. Ebenfalls 2006 öffnet ein *Fifteen* in Australien.

In der Presse ist trotz allem zu lesen, dass »einige der Jugendlichen des ersten Jahrgangs nicht *wirklich* unterprivilegiert waren«. *That pisses me off!*, um es mit Jamies Worten zu sagen.

Das Restaurant

Das Restaurant *Fifteen* in London:

Fifteen London www.fifteen.net

15 Westland Place,

London N1 7LP

Reservierungen online oder telefonisch: +44 (0)203 375 1515
http://www.fifteen.net/book-a-table

Die Serie

Die Fernsehserie zum Projekt heißt *Jamie's Kitchen*.

Jamie's Kitchen ist mit knapp 7 Millionen Zuschauern Channel 4s erfolgreichste
Herbstsendung. Ungesicherten Quellen zufolge hat sich der BBC-Chefredakteur
nach Veröffentlichung der Zahlen mehrmals selbst in den Hintern gebissen.

1 Staffel, 5 Episoden

Erstausstrahlung: 5. November 2002 in UK auf Channel 4

Deutsche Erstausstrahlung: 27. September 2003 bei RTL II

Zwölf Monate später, im Jahr 2003, besucht Jamie mit einem Kamerateam seine Absolventen, um nachzuschauen, wie es ihnen und dem Restaurant ergangen ist. Titel der zwei Epsioden: *Return to Jamie's Kitchen*. Darin ist unter anderem zu sehen, wie Jamie mit seinen Schützlingen einer Einladung in die Downing Street folgt, um für Tony Blair und den irischen Ministerpräsidenten Bertie Ahern zu kochen (ein wunderbarer Moment, in dem alle das elegante Haus betreten und Jamie sagt: »Kellyann, lass nichts mitgehen!«).

Die Serie inklusive *Return to Jamie's Kitchen* gibt es als DVD zu kaufen, auf Englisch: Jamie's Kitchen – the Complete Television Series, ASIN: B0002WYRQO.

Im Jahr 2006 wird die Eröffnung des australischen *Fifteen Melbourne* Inhalt einer 10-teiligen Serie mit dem Namen *Jamie's Kitchen Australia*, die in Australien bei *Network Ten* ausgestrahlt wird und in der Jamie die Tränen kommen, als er die Jugendlichen und ihre Geschichte kennenlernt. Das Restaurant in Melbourne wird von Jamie Olivers langjährigem Freund Tobie Puttock geleitet und hat sich 2010 mit Jamies Einverständnis aus der *Fifteen Foundation* gelöst, um intensiver das lokale Netzwerk nutzen zu können und es »australischer« zu machen. Das Prinzip des Restaurants bleibt jedoch gleich. Es heißt nun *Kitchen Cat*, die zuständige Stiftung nennt sich *Stepping Stone Foundation*.

2007 erscheint eine vierteilige Seria auf Channel 4 namens *Jamie's Chef*, in der sich mehrere Absolventen um ein Pub (*The Cock*) in Essex bewerben, das die Foundation besitzt.

Das Buch

Das begleitende Kochbuch zur Serie heißt *Jamie's Kitchen*, ISBN-13: 978-1401300227

Es kam 2002 heraus und stieg sofort in die Bestsellerlisten ein.

Auf Deutsch ist es unter dem Titel: *Jamie's Kitchen: Neue geniale Rezepte vom Naked Chef*, ISBN-13: 978-3831004478, erschienen.

Die Rezepte in diesem Buch sind etwas komplizierter als die der ersten *Naked-Chef*-Bücher. Die italienisch-asiatische Ausrichtung seiner bisherigen Bücher ist mit Anleihen aus der arabischen und französischen Küche bereichert.

Warum er ist, wie er ist

Für die meisten wäre *Jamie's Kitchen* ein Projekt, das für ein ganzes Berufsleben genügt. Jamie verfügt jedoch über eine Extraportion an Energie. In seiner Kindheit waren der Begriff ADHS (Aufmerksamkeitsdefizit-/Hyperaktivitätsstörung) und das Wissen darüber noch nicht verbreitet, aber die Symptome waren und sind eindeutig: Jamie Oliver hat ADHS. Es scheint, dass die Hyperaktivität, die eine normale Schullaufbahn oftmals erschwert, von Nutzen sein kann, wenn sie in eine produktive Richtung gelenkt wird. Instinktiv hat Jamies Vater damals das Beste getan, was er hätte tun können, indem er Jamie zum Arbeiten in die Küche stellte. Das heißt nicht, dass Jamie als Kind nicht trotzdem wie eine kleine, blonde Flipperkugel durch das Pub, die elterliche Wohnung und das Dorf geschossen wäre.

ADHS (oder ADS) muss nicht ausschließlich Nachteile mit sich bringen. Es gibt eine Reihe von Stärken, die mit der Krankheit einhergehen und die Jamie auf den Leib geschrieben sind:

– Hypersensibilität, die Betroffene Veränderungen sehr schnell erfassen lässt, was sich meist in einer besonderen Empathie und einem ausgeprägten Gerechtigkeitssinn äußert,
– Begeisterungsfähigkeit, die sich in besonderer Kreativität und Offenheit äußern kann,

– Impulsivität, die sie, richtig dosiert, zu interessanten Gesprächspartnern macht.[49]

Seine Empathie oder, wie seine Freunde sagen würden *sein großes Herz* ist ein herausragendes Merkmal von Jamie. Es ist das, was einem als Erstes an ihm auffällt. Es strahlt aus ihm heraus. Gennaro, der ein sehr gläubiger Mensch ist, drückt es anders aus: »Jamie trägt Gott in seinem Herzen. Es ist wie ein Magnet, es zieht die Leute an.« Man sieht es bei seiner Arbeit im *Fifteen* und in den Schulen, und man merkt es an seinen Freundschaften: Er hat zwar nicht viel Zeit und kommt dauernd zu spät, aber er ist ein großartiger Freund. Als Gennaro in Italien am Rande einer Depression entlangrutscht, spürt Jamie am Telefon, dass etwas nicht in Ordnung ist. Er instruiert Gennaro, sich ja nicht vom Fleck zu bewegen, er käme mit der nächsten Maschine.

Bei Jamies Jugendfreund Leigh, der die großartige Musik für seine Shows komponiert, wird ein bösartiger Tumor des Lymphsystems festgestellt. Für die Behandlung steht er auf der Warteliste des staatlichen Gesundheitssystems. Jamie reagiert sofort und tut alles, was in seiner Macht steht, damit Leigh wenige Tage später einen privaten Spezialisten aufsuchen kann. Er zahlt ihm die private Versicherung, einen Fahrer, der ihn zur Chemotherapie bringt, ruft ihn jeden Tag an und besucht ihn, sooft er kann, denn: »Ich kann es mir leisten, und ich will dir helfen«, sagt Jamie. So einfach ist das.[50]

Trotz ADHS kann Jamie sich im größten Chaos sehr gut für eine begrenzte Zeit konzentrieren. In einem Interview mit der *Süddeutschen Zeitung* sagte er: »Ich arbeite in einer Blase. Um mich kann die Welt zusammenbrechen, ich hüpfe einfach in die nächste Blase.« Es hat fast

---

[49] Weiß Wikipedia: http://de.wikipedia.org/wiki/Aufmerksamkeitsdefizit-/Hyperaktivitätsstörung.
[50] http://www.thefreelibrary.com/CHEF+JAMIE+HELPS+PAL+BEAT+CANCER%3B+He+pays+pounds+20, 000+for+Leigh+to...-a077783228.

autistische Züge, aber es ermöglicht ihm, jeweils seine volle Aufmerksamkeit auf eine Sache zu richten, wenn andere schon längst die Übersicht über die schiere Anzahl der Sachen verloren haben. Insofern ist es nicht verwunderlich, dass Jamie während seines wahnsinnigen *Jamie's-Kitchen*-Projekts noch nebenbei und trotzdem mit hundertprozentigem Einsatz eine neue Serie startet. Sie heißt *Oliver's Twist*.

Zur großen Freude aller Beteiligten erwiesen sich die *Naked-Chef*-Sendungen nicht nur in England, sondern auch in den Vereinigten Staaten, Australien und Neuseeland als wahre Verkaufsschlager. Und das trotz seines Essex-Slangs – was Jamie ziemlich lustig findet:

»Sie sind verrückt nach der Show. Das einzige Problem ist, dass sie kein einziges Wort von dem verstehen, was ich sage.«

Während die Presse in Großbritannien schon von einer Allgegenwart Jamies spricht, kann das Ausland (wo keine Sainsbury's-Spots ausgestrahlt werden) nicht genug von ihm bekommen. Speziell für das Ausland plant Jamie eine neue Serie: *Oliver's Twist*.

Jamie wagt einen großen Schritt und gründet seine eigene Produktionsfirma namens Fresh One Productions. Jamie hat während der Arbeit an den *Naked-Chef*-Episoden viel dazugelernt. Eine eigene Produktionsfirma gibt ihm die Möglichkeit, statt eines Gehalts pro Sendung direkt an dem Verkauf der Rechte zur Ausstrahlung Geld zu verdienen. *Fresh One* produziert die Serie *Oliver's Twist* in London im Stil von *The Naked Chef*, und es ist alles dabei: der Roller, hübsche, kleine Delikatessenläden, eine Wohnung mit großer Küche sowie ein neuer Kicker in der Ecke.

Wie immer setzt Jamie auf Leute, denen er vertraut. Zoe Collins, die ihm hilft, das Unternehmen aufzubauen, ist eine alte Bekannte aus der *Radio One Breakfast Show*, die Produktionsleiterin Gudrun Claire war schon bei *Naked Chef* dabei. Jamie hat ein gutes Gespür für Menschen und sucht sich, wie beim Kochen, nur die besten »Zutaten« für seine Projekte.

Sein Freund Leigh Haggerwood komponiert die Musik zur Serie, und die Schnitte der Sendung sind gewohnt schnell. Für Abwechslung und Unterhaltung sorgen wie immer jede Menge Freunde, Bekannte und Verwandte, die Jamie im Laufe der Folgen bekocht. Wir treffen auf den Elvis-Imitator, der auf seiner Hochzeit auftrat, eine Gruppe Handwerker von der Baustelle nebenan, die Jamie kurzerhand mit einer Mahlzeit versorgt, und seine Oma, die von Jamie »Tiger« genannt wird. Was umso niedlicher ist, als die Oma geschätzte 1,20 Meter hoch ist. Für sie und ihre Freundinnen, die Jamies Küche aussehen lassen, als würden dort die *Golden Girls* gedreht, bäckt er Scones und einen (fantastisch einfachen) Bananenkuchen mit Zitronenguss.

Die Sendung wird schließlich in über 70 Ländern ausgestrahlt und, sieben Jahre nach ihrer Entstehung, auch in Großbritannien.

Oliver's Twist Facts:

2 Staffeln, 26 Episoden à 30 Minuten

Erstausstrahlung: International 2002 and Premiered in the UK on UKTV Food Januar 2009

Deutsche Erstausstrahlung: 26.07.2003 RTL II

52 Episoden

Staffel 1

1. Fish & Chips	8. Poweressen
2. Schärfer, als die Polizei erlaubt	9. After-Show-Dinner
3. Vom Catwalk an die Fleischtöpfe	10. Charmeur Jamie
4. Expressmahlzeit	11. Vom Farbtopf zum Kochtopf
5. Die Jungs vom Bau	12. Essen und Musik
6. Zauberpilze	13. Curry und andere scharfe Sachen
7. Komödiantenfutter	14. Großmutters Besuch

15. Liebe geht durch den Magen
16. Vom Set in die Küche
17. Wilde Kräuter
18. Schokoladenparty
19. Matchball für Jamie
20. Reisefieber
21. Hochzeitsschmaus
22. Überraschung für den Lieferanten
23. Klassentreffen
24. World-Cup-Frühstück
25. Halloween
26. Weihnachtsparty – Alle Jahre wieder

Staffel 2

1. Das Geburtstagskind
2. Bauarbeiter-Lunch
3. Japan lässt grüßen
4. Champ für die Champions
5. Zauberei aus der Pfanne
6. Schlechtwetter-Barbecue
7. Schöne Grüße aus Italien
8. Alle Aromen dieser Welt
9. Brasilianisches Feuer
10. Jamies Suppenküche
11. Elvis-Dinner
12. Jamie sticht in See
13. Fußballfieber
14. Musik geht durch den Magen
15. Gala für den Fischhändler
16. Picknick im Park
17. Vater und Tochter
18. Peters Geburtstagsparty
19. Schokoholic
20. Gesundheitskick
21. Kräutersymphonie
22. Japanische Kochkunst
23. Ein Essen für die Neuen
24. Nächtlicher Hunger
25. Alles Käse
26. Nachtschicht

Der Kampf in den Schulkantinen

Seit das Restaurant *Fifteen* in Betrieb ist, wird es mehrheitlich gelobt. Das Einzige, was dem Publkium hie und da aufstößt, sind die Preise. Man findet viele freundliche Adjektive für das *Fifteen*, aber »günstig« ist nicht dabei. Die Öffentlichkeit nimmt das Jamie nicht im Geringsten übel, im Gegenteil: Da jeder erwirtschaftete Penny in die Stiftung fließt und nichts davon in Jamies eigene Tasche, hat er etwas von einem Robin Hood, der den Reichen das Geld aus der Tasche zieht, um es den Unterprivilegierten zugutekommen zu lassen. Als auf der Karte des *Fifteen* ein obskurer Toast mit Baked Beans auftaucht und sich herausstellt, dass die Firma Heinz dieses Gericht als Marketingmaßnahme für knapp 20.000 Euro gesponsert hat, ist das zwar einen kleinen Skandal wert, und Jamie räumt ein, dass es ein Fehler war. In einem Interview mit dem *Evening Standard's Magazine* erklärt er, wie es dazu kommen konnte:

«Heinz hat uns 15.000 Pfund angeboten, wenn wir ein cooles Gericht mit Baked Beans auf die Karte nehmen. Das finanziert ein ganzes Jahr lang einen Auszubildenden. Tue ich es also? Klar tue ich es!«[51] Und so ist er plötzlich für viele nicht mehr der prominente Schnösel, der mit seinem Roller durch das hippe London braust, sondern Jamie, der Rächer der Armen.

---

51 http://www.guardian.co.uk/media/2005/jan/13/marketingandpr.uknews.

Am 10. April 2003, kurz nach Poppys erstem Geburtstag, bekommt Jools ihre zweite Tochter: Daisy Boo Pamela Oliver. Wieder wählen sie einen Blumennamen, Daisy heißt Gänseblümchen. (Was Jools nicht weiß: Jamie hat diesmal eine Videokamera in eine Ecke des Kreißsaals gestellt, um den großen Moment festzuhalten, und jedes Mal, wenn Jools die Finger ihres Mannes besonders fest quetscht, wirft Jamie einen vorwurfsvollen Blick in diese Richtung.)

In diesem Jahr, während Jamie:

– unentgeltlich Rezepte für die Wohltätigkeitsorganisation *Comic Relief* zusammenstellt
– Spots für Sainsbury's dreht
– in Fernsehshows im In- und Ausland auftritt
– Ordenswürden von der Queen verliehen bekommt
– *Return to Jamie's Kitchen* dreht und im Zuge dessen:
– mit seinen fünfzehn für Tony Blair und den irischen Ministerpräsidenten kocht
– und, im Tausch gegen eine Spende an die *Fifteen Foundation*, im Dezember von Brad Pitt und Jennifer Aniston eingeladen wird, um auf Pitts 40. Geburtstag zu kochen …

… reift eine neue Idee heran, angetrieben von der Euphorie, im Leben anderer Menschen etwas zum Guten zu verändern. Das *Fifteen*-Projekt hat ihm gezeigt, was alles möglich ist, wenn er seine Popularität und die Fähigkeit, Menschen zu begeistern, für ein höheres Ziel einsetzt. Diesmal soll es jedoch nicht um 15 Menschen gehen, sondern um sämtliche Schulkinder Großbritanniens.

Seit im Jahr 1989 das Schulessen der öffentlichen Schulen in Großbritannien an private Cateringfirmen abgegeben wurde, hat das Mittagessen der Kinder im wahrsten Sinne des Wortes zweifelhafte Formen angenommen. Einer der Hauptbestandteile sind Produkte aus Fleisch-

resten, die mit jeder Menge Zusatzstoffen zu lustigen Tierfiguren gepresst und frittiert werden. Das Menü einer öffentlichen Schulkantine
sieht nicht selten so aus:

- Burger und Pommes
- Sausage rolls (Würstchen im Schlafrock)
- Fish fingers (Fischstäbchen aus Formfisch, nicht aus Filet)
- Turkey Twizzlers (geringelte, frittierte Wurstlocken aus gepresstem
  Separatorenfleisch, auch Knochenputz genannt)[52]
- Chicken Nuggets (aus gepressten Hühnerresten)
- Die Getränkeauswahl besteht aus verschiedenen Erfrischungsgeträn-
  ken, Limonade, Coca-Cola, immer süß und mit Kohlensäure versetzt.

Ernährungsbewusstsein ist in den öffentlichen Schulen noch nicht
angekommen – es gibt sogar Schulen, die regelmäßige Anwesenheit mit
McDonald's-Gutscheinen belohnen, was ein cleverer Schachzug des
Junk-Konzerns ist. Die Kinder sind an das Essen gewöhnt und damit
aufgewachsen. Selbst in Kinderkrippen bekommen Einjährige Pommes,
Nuggets und Bratwürste.

Es ist daher kein Wunder, dass die britischen Kinder die dicksten in
ganz Europa sind. Die heutige Generation der Schulkinder ist die erste,
deren Lebenserwartung geringer ist als die ihrer Eltern. Bei den Jungs
zwischen elf und 15 leidet jeder Dritte an Übergewicht, bei den Mädchen sind es sogar 45 Prozent. Selbst das Militär hat Schwierigkeiten,
Nachwuchs zu finden: Nur ein Drittel entspricht den Gewichtsvorga-
ben, die überwiegende Mehrheit ist zu schwer. Das kommt nicht von
ungefähr: In einem Land, in dem Pizza mit Döner belegt wird und in
Öl schwimmendes Frittiertes als Nationalgericht gilt, spiegelt das Ge-

---

52 Die genaue Zusammensetzung eines Turkey Twizzlers ist: 34 % Truthahn-Separatorenfleisch, Wasser,
    Schweinefett, Zwieback, Weizenstärke, dreierlei Süßstoffe, gehärtete pflanzliche Öle und verschiedene Farb-
    und Geschmacksstoffe.

wicht der Kinder lediglich die Essgewohnheiten der Gesellschaft wider. Experten prangern seit geraumer Zeit diese Schulkost an, jedoch ohne großen Erfolg. Auch Jamie wird einige Male zum Thema Schulkost befragt, und immer muss er sagen: Das Essen ist eine Katastrophe. Je öfter er es sagt, desto größer wird sein Wunsch, daran etwas zu ändern. Taten sagen mehr als Worte, das hat sein Vater ihm beigebracht. So wird die Idee geboren, eine Schule exemplarisch für England herauszupicken, um auszuprobieren, ob es möglich ist, die Situation kulinarisch zu verbessern. Ein Jahr lang wird Jamie die Kantine einer Schule unter seine Fittiche nehmen. Wenn er Erfolg mit dieser einen Schule hat, kann er womöglich mehr Schulen und vielleicht einen ganzen Bezirk von seinem Projekt überzeugen. Und wenn ein ganzer Bezirk sich ändern kann, dann könnte es sogar das ganze Land.

Das Produktionsteam findet eine Schule in Greenwich, die sich von Jamie in die Töpfe blicken lässt. Im Frühjahr 2004 fängt er an zu drehen. Nach Jamies Erfahrungen mit der TV-Dokumentation seines *Fifteen*-Projekts kann er sich ziemlich gut vorstellen, was auf ihn zukommt. Es wird anstrengend, er wird fürchterlich viel arbeiten, Jools wird ihm die Hölle heiß machen, und wahrscheinlich werden ihn alle hassen: die Angestellten der Schulküche, weil er ihr Leben durcheinanderbringt, und die Kinder, weil er ihnen Burger und Pommes wegnehmen will. Es geht ihm aber nicht ums Vergnügen. Nicht das der Kinder und schon gar nicht sein eigenes. Es geht nicht um Geld oder Prestige, sondern wie immer um die Sache selbst: »Die Dinge, auf die ich am meisten stolz bin, bereiten mir persönlich nicht besonders viel Spaß«, sagt er zu *The Guardian*.

Als Auftakt darf Jamie eine Schicht in der Schulküche mitarbeiten, um sich einen Einblick zu verschaffen. In der Küche stößt er, statt auf Kühlschränke und Zutaten, Gewürze oder Kochmützen: auf Pappkartons. Und auf Nora. Nora ist die Chefin der »Dinner Ladies«. Sie ist laut, sie ist lustig, sie ist geradeheraus, und sie weiß ganz genau, wie die Dinge in ihrer Küche zu laufen haben.

Der Kampf in den Schulkantinen

Was Jamie nun zu sehen bekommt und was die Kamera in die heimischen Fernseher überträgt, ist gruselig. Ein Pappkarton nach dem anderen wird aufgerissen, der tiefgefrorene Inhalt in Aluschalen verteilt – und ab damit in die Öfen. Es gibt das komplette Ekelmenü plus Pizza mit dickem Käseschmelz und Smilie-Gesichtern aus frittiertem Kartoffelbrei. Im gesamten Essen der Schulkantine befindet sich an diesem Tag neben Zucker, Salz und Fett kein einziges Vitamin, das muss man erst einmal hinbekommen. Jamie fehlen nach seinem ersten Tag fast die Worte. Auch den Zuschauern wird klar: Das Cateringsystem ist völlig aus dem Ruder gelaufen. Niemand kontrolliert diese Firmen, und sie haben keine Vorgaben, wie die Ernährung der Kinder auszusehen hat.

Die einzige Richtlinie, an die sie sich halten müssen, ist der Preis: Mehr als 37 Pence (das sind zu diesem Zeitpunkt etwa 60 Cent) darf die Mahlzeit pro Kind nicht kosten. Das ist die einzige Vorgabe vom Staat.

In einem Labor lässt Jamie das Essen untersuchen.Das Ergebnis ist erschreckend: Kinder, die diese Mahlzeiten von Montag bis Freitag essen, laufen größte Gefahr, übergewichtig zu werden und infolgedessen später an Diabetes und Herz- und Kreislauferkrankungen zu leiden. Krankheiten, die das Gesundheitssystem des Landes Milliarden kosten. »Eigentlich«, bringt es ein Arzt auf den Punkt, »ist das Körperverletzung.« Eltern, die sich zuvor nicht mit der Schulkost auseinandergesetzt haben, bekommen die erschreckenden Bilder in ihre Wohnzimmer serviert. Jamie hat einen ersten wichtigen Sieg errungen. Das Interesse der Öffentlichkeit ist auf das Thema gerichtet. Spätestens als er eine Expertin befragt, inwieweit sich das Essen auf die schulischen Leistungen der Kinder auswirkt, hat er die Eltern auf seiner Seite: Eine Ernährung aus einer Mischung von Zucker, Salz und Fett beeinflusst das Konzentrationsvermögen und das Lernverhalten negativ.

In der Testküche in seinem Büro versucht Jamie also, alternative Gerichte zu kreieren, die nicht mehr als 37 Pence kosten – und ist damit heillos überfordert. Normalerweise arbeitet er genau andersherum. Er bereitet ein wunderbares Gericht zu, rechnet die Kosten aus und veranschlagt dann den Verkaufspreis. Gleichzeitig soll das 37-Pence-Essen gesund sein und gut schmecken und die Kinder nicht erschrecken.

Am Rande der Verzweiflung, entscheidet sich Jamie für Focaccia mit Zucchini und Mozzarella, was zumindest entfernt Ähnlichkeit mit einer Pizza hat, und Hühnerkasserole mit Gemüsesoße. Appetitlich stehen die Gerichte beim nächsten Essenfassen in der Schulkantine neben den Aluschalen mit Frittiergut. Jamie steht optimistisch dahinter. Allerdings wird schnell klar: Was das Kind nicht kennt, isst es nicht. Schlimmer noch ist, dass die wenigen, die sich bereiterklären, einen Versuch zu wagen, ihre Portionen fast komplett in den Müll schmeißen. Schmeckt nicht? Nein, schmeckt nicht. Es ist zu ungewohnt, die Kids wollen ihr Junkfood. Das ist der Moment, in dem sich der Zuschauer fragt, wer die Kinder zu Kunden gemacht hat. Kinder sind toll, aber wenn man Kindern die freie Wahl lässt, das weiß jeder, der selbst eines dieser wunderbaren Geschöpfe zu Hause hat, dann entscheiden sie sich immer für die bequeme, ungesunde, undiplomatische und hedonistische Möglichkeit.

Sie sind keine aufgeklärten Kunden, und sie sind nicht vernünftig. Jemand, der Smarties für eine perfekte Mahlzeit hält, sollte nicht mit der Gestaltung eines Speiseplans beauftragt werden.

Gleichzeitig sieht sich Jamie noch mit einigen anderen Problemen konfrontiert:

Die *Dinner Ladies* müssen mit seinen Gerichten viel mehr kochen, statt wie vorher nur zu erhitzen, und viele sind dafür nicht qualifiziert

Verschärft wird alles durch den Umstand, dass es sich um eine enorme Anzahl von »Gästen« handelt: 500.

500 Kinder, die alle gleichzeitig essen wollen, und zwar auf die Minute. Ist zu Pausenbeginn nichts im Kantinentresen, gehen die älteren Schüler einfach zur nächsten Pommesbude.

Trotz günstiger Zutaten liegt Jamie mit seinen Gerichten weit über den 37 Pence pro Schüler.

Veränderungen in einem großen Betrieb bergen immer ein gewisses Maß an Chaos.

Dieses Chaos in ihrer wohlorganisierten Küche bringt die resolute Chefin Nora an den Rand des Nervenzusammenbruchs. Wie ein Blitz im Kochkittel wirbelt sie zwischen den Öfen, halb fertigen Gerichten und dem Lager hin und her. All der Stress, Jamies Unverständnis für feste Servierzeiten und das Näherrücken der Mittagspause kulminieren in einem Schrei in Richtung Jamie: »So kann man keine Schulküche führen!«, und Jamie verdreht die Augen: »Die macht mich fertig.« Die Damen sind kurz davor, Jamie mit vereinten Kräften den Hals umzudrehen. Wie zuvor schon die fünfzehn sind sich die *Dinner Ladies* über Jamies Motive nicht ganz im Klaren. Erst als sie erleben, wie emotional und persönlich Jamie das Thema nimmt, wie sehr er sich einsetzt und wie groß seine Leidenschaft für Essen ist, kann er sie für sich gewinnen. Spätestens als er dem Brotteig auf seiner Arbeitsfläche einen Kuss aufdrückt – »Wenn du nicht jeden Brotteig küsst, den du machst, kannst du die Liebe nicht verbreiten« –, hat er sie auf seiner Seite. Er bekommt von seinen Ladys sogar einen Geburtstagskuchen, mit Ständchen und Geschenk: ein T-Shirt, auf dem groß *37 P.* steht.

Sie haben ihn, Nora allen voran, ins Herz geschlossen. Es ist ja auch schwer, ihm zu widerstehen. »Ihr kriegt ihn nicht, er gehört mir!«, protestiert sie denn auch, als Jamie beschließt, eine andere Schule zu besuchen. Es ist eine Grundschule, und die Schulkinder sind jünger. Vielleicht, so die Idee, gilt es lediglich, sie früher an gesundes Essen zu gewöhnen. Nora muss derweilen mithilfe von Jamies Rezepten alleine die Stellung halten und tapfer weiterhin gesunde Gerichte als Alternative anbieten. Jamie fährt in die Eden Hill Primary School in Peterlee im Landkreis Durham. Statistisch eine der Gegenden des Landes mit den ungesündesten Essgewohnheiten. Zu seinem Entsetzen gibt es in dem

Bezirk eigene Einrichtungen, die sich nur mit Verdauungsschwierigkeiten, genauer gesagt: mit Darmträgheit und Verstopfungen von Kindern beschäftigen. Kinder, die sechs Wochen lang nicht auf die Toilette gehen können, sind hier keine Seltenheit. Es dreht einem fast den Magen um, als ein Kinderarzt von Kindern berichtet, die Kot erbrechen, weil die Ausscheidungen einen Weg aus dem Körper suchen. Kinder unter fünf Jahren müssen in Krankenhäuser eingeliefert werden. »Aber kein Wunder«, sagt der Arzt, »die essen zum Frühstück ein Kitkat und eine Cola, mittags Chicken Nuggets und abends Pizza.« Ob wenigstens eine vernünftige Mahlzeit am Tag daran etwas maßgeblich ändern könnte? »Definitiv.«

Eine simple Umstellung der Essgewohnheiten könnte mit all dem aufräumen. Je mehr die Serie enthüllt, desto entschlossener wird Jamie, etwas an der Situation zu ändern. Wenn dies hier funktionierte, könnte er das Leben von vielen Kindern zum Guten beeinflussen.

Die Schulkost in Peterlee sieht denn auch dementsprechend aus. Der Zuschauer ist sofort auf Jamies Seite, als der im Speiseraum (neben Jamie verspeist ein Knirps Weißbrot mit Ketchup) sagt: *Das ist nicht in Ordnung, die Kinder verdienen etwas Besseres.* Jamie ist sich sicher, er muss die Kinder nur dazu bringen, »richtiges« Essen zu probieren, dann kämen sie schon auf den Geschmack. Genau das stellt sich aber als schwieriger heraus als gedacht.

Jamie bekommt eine eigene kleine Klasse, mit der er seinen Feldversuch starten kann. Die Kinder sind freundlich und lustig, sie mögen Jamie, nur probieren wollen sie überhaupt nichts. Wie gesagt, was das Kind nicht kennt, isst es nicht, so einfach ist das. Und die Kinder von Durham kennen nichts außer Junkfood. Bei dem Anblick eines Rhabarberstängels vermuten einige, dass es sich dabei um eine Zwiebel handelt, andere tippen auf Sellerie, und einer hält grünen Spargel für Kiwis. Die Logos der Fast-Food-Ketten erkennen sie hingegen sofort. Jamies großartige Idee, den Kindern die Augen zu verbinden, sodass nur ihr Geschmackssinn urteilen könnte, geht auch nicht auf. Dadurch wären sie vielleicht offener, erklärt er, und muss angesichts der Kinder, die sein Risotto und den geräucherten Lachs in hohem Bogen ausspucken, selber lachen: »Aber das ist nicht der Fall.« Auch der Ansatz, mit den Kindern Erdbeeren zu pflücken, schlägt fehl, die Erdbeeren ereilt das gleiche Schicksal wie Risotto und Lachs. Einen besonders hartnäckigen Verweigerer, den kleinen Lian, versucht Jamie persönlich mit einem Stück Brathühnchen in der Hand zum Probieren zu überreden. Es klappt so weit, Lian probiert, aber auch das Huhn kommt wieder geflogen. Es scheint, nichts und niemand kann diese störrischen Kinder davon überzeugen, dass ein Biohuhn ebenso essbar ist wie Chicken Nuggets. Als Jamie beobachtet, wie ein Junge den Spargel probiert und in dem Moment, als er bemerkt, wie sein Freund das Gesicht verzieht, ebenfalls den Spargel ausspuckt, geht Jamie ein Licht auf. Es ist nicht nur der ungewohnte Geschmack, der sie verweigern lässt. Das Ganze hat eine Eigendynamik angenommen, und der gilt es etwas entgegenzusetzen. Es muss cool sein, mitzumachen und zu probieren.

Seine neue Strategie ist simpel: Belohne diejenigen, die wünschenswertes Verhalten zeigen, und ignoriere die anderen. Die Kinder, die sich weigern, etwas zu probieren, müssen leider die Jamie-Oliver-Klasse verlassen. Sie haben in seinem Klassenzimmer nichts verloren. Die meisten bleiben, sogar der kleine Lian. Todesmutig probieren alle, die geblieben sind, ein Stück geröstete Pastinake, und ihre elitäre Situation macht sie zu Siegern: »Hat das geschmeckt?«, fragt Jamie. »Jaaaaa!!!!!!«, schreien alle, und Lian bekommt einen kleinen Extraapplaus, den er sichtlich stolz entgegennimmt. Ein Riesenerfolg sind auch die Aufkleber mit Jamies Gesicht darauf, die als Belohnung ausgegeben werden, wenn ein Kind etwas Neues probiert. »Sie lieben die«, sagt Jamie, ist aber ebenso ahnungslos, warum das so ist: »Ich habe keine Ahnung, warum!«

Den kleinen Lian besucht Jamie auch zu Hause, und ihm wird schnell klar, das Problem ist nicht nur das Schulessen. Im Ofen, fertig zum

Abendessen, liegen: die Turkey Twizzlers. Lians Mutter lässt sich auf das Experiment ein und ersetzt die Fertiggerichte durch frisches Essen. Der Erfolg ist gigantisch: Lian ist innerhalb von fünf Stunden ohne Zucker- und Fettkost merklich ruhiger, zappelt nicht mehr herum und kann sich besser konzentrieren.

Solche Besuche geben Jamie Einblicke in die Küche und die Essge-wohnheiten seiner Mitmenschen, die gegensätzlicher zu den Mahlzei-ten seiner eigenen Kindheit nicht sein könnten, bei denen die gesamte Familie am Tisch saß, in der Mitte die dampfenden Schüsseln, aus de-nen sich alle bedienten. Wie wichtig es für Familien und Kinder ist, zu Hause miteinander zu kochen und zu essen, wird ihm während seiner Zeit mit den Schulkindern erst richtig bewusst. So hat das Kochbuch, das begleitend im November erscheint, nur oberflächlich gesehen nichts mit den School Dinners zu tun. Es heißt *Jamies Dinners* (deutsch: *Essen ist fertig!*) und ist ein Familienkochbuch. Wie immer mit dem beruhi-genden Mantra: Keine Panik, es ist alles ganz einfach.

Jetzt gilt es, den Erfolg aus Jamies kleiner Klasse auf die ganze Schule zu übertragen. Wird er die restlichen 400 Grundschüler davon über-zeugen können, das gesunde Menü zu essen? Oder wird er wieder auf eine Wand aus verschränkten Armen und Schmollen stoßen? Der Ge-danke daran, dass sie einfach alle ihre Teller in den Müll leeren, ist unerträglich. »Es würde mir das Herz brechen.« Er lässt alle Schüler bei der Vorbereitung helfen, und seine Klasse zeigt den anderen, wie es geht. Ganz großartig dabei: Lian, der erklärt, wie man Salatsoße macht. Jamie lässt die Kinder Schüsseln an ihre Tische bringen, aus denen sie sich selbst bedienen können, und er ist sich für nichts zu blöd, um positive Stimmung in den Speisesaal zu bringen: Als riesengroßer Mais-kolben verkleidet (was wirklich, wirklich sehenswert ist), singt er mit den giggelnden Kindern zusammen ein Lied, das Leigh extra für diesen Moment komponiert hat. Der Text ist an die Wand projiziert, und die

Kinder singen lauthals mit. Der Song trägt den Titel *Try something new* (Probier was Neues).

99 Prozent der Kinder essen an diesem Tag Jamies Menü. Es gibt Nudeln mit Tomatensauce, Hühnerschenkel – Lian beißt herzhaft in einen solchen – und Salat. Für manche Kinder ist es der erste Salat ihres Lebens. Als am Ende der Mahlzeit alle klatschen und den Namen der Dinner-Chefin rufen, sie hochleben lassen und »Hipp, hipp, hurra!« rufen, muss diese sich prompt ein paar Tränen aus den Augenwinkeln wischen: Von der »Erhitzerin« zur gefeierten Köchin, das ist ein großer Sprung.

Für Jamie ist dieser Tag ein Meilenstein. Er hat etwas vorzuweisen, er kann sich vor die Leute stellen, die für das Schulessen verantwortlich sind, und sagen: Ernährt die Kinder besser!

Es ist möglich!

Für das gleiche Budget!

Die Kinder lieben es!

Schmeißt endlich das Junkfood raus!

Nora hat derweil schwer zu kämpfen. Seit drei Wochen bereitet sie mit ihren *Dinner Ladies* jeden Tag neben Hamburgern, Pommes und Pizza gesundes Essen nach Jamies Rezepten zu. Dass wir uns nicht missverstehen, wir reden nicht von Soja-Dinkel-Tofu-Vollkorn-Bratlingen, sondern von Nudeln mit Tomatensauce und Ähnlichem. Was die Kinder am Tresen der Kantine wählen, hat sich jedoch nicht verändert. Burger, Pizza, Nuggets, da hilft auch alles gute Zureden von Nora nichts.

Der Ausflug nach Durham hat Jamie in seiner Sache bestärkt. Er ist fest entschlossen, diesem Irrsinn ein Ende zu machen, egal, was die Kinder dazu sagen. Das Experiment geht in die nächste Stufe. Das Junkfood wird ganz gestrichen. Ohne Ankündigung. An einem ganz normalen Schultag, als die Kinder und Jugendlichen zur Essenszeit in die Kantine strömen, erwartet sie ein komplettes Menü von Jamie. Verschiedene Hauptspeisen, Salate, Obst, alles, was das Herz begehrt – außer Junkfood. Ungläubig gehen die Kinder den Tresen auf und ab, auf der Suche nach einem vertrauten Frittiertier: Fehlanzeige. Was folgt, ist ein Sturm der Empörung. Verlassen die Kinder an diesem Tag noch enttäuscht die Kantine, werden am nächsten Tag die Proteste lauter: »Wir wollen unsere Pizza!«, brüllt eine runde Rotgesichtige, der man am liebsten einen Spiegel vorhalten möchte. Die älteren Schüler verlassen zur Mittagspause das Schulgelände und suchen in den nächsten Pommesbuden nach dem Frittenkick, die Jüngeren bekommen ihre Burger von den Älteren durch den Zaun gereicht. Die Schulleitung bekommt wütende Anrufe von Eltern, deren Kinder zu Hause heulen, es gäbe in der Schule nichts mehr zu essen, und einige ganz unverbesserliche Mütter rollen zur Mittagsstunde Einkaufswagen voller Hamburger an den Schulzaun: »Wann gibt es endlich wieder richtiges Essen?«, wollen sie von der Schulleitung wissen. Ein guter Moment, um aufzugeben. Aber Jamie ist unnachgiebiger geworden und auch trauriger.

Man mag es nicht für möglich halten, aber die oft gepredigte Konsequenz in der Erziehung von Kindern (und manchmal auch von Eltern) scheint wahre Wunder zu wirken: Es kommt der Moment, sechs Monate nach diesem denkwürdigen Tag, an dem sich zur Mittagszeit alle brav am Tresen anstellen, um ihr Hühnchen, ihr Curry, ihre Nudeln oder ihren Salat abzuholen. Mit Erstaunen sehen wir die runde Rotgesichtige Gemüsepasta bestellen. Einige graue Haare auf Noras Haupt erinnern an die Strapazen der vergangenen sechs Monate.

Diesen Erfolg gilt es nun auszuweiten. Ein ganzer Bezirk ist das Ziel. Innerhalb von sechs Wochen will Jamie die Schulkantinen des Bezirks komplett umstellen. Dazu lädt er die Schulleiter/-innen aller Schulen des Bezirks Greenwich in das Restaurant *Fifteen* ein. Wie viele in der Hoffnung auf ein Jamie-Oliver-Menü kommen, ist nicht gewiss, aber zu essen gibt es tatsächlich etwas: Schulessen. Jamie lässt die Rektoren die Gerichte probieren, die er im Rahmen des Schulbudgets schon an den Mann bzw. an das Kind gebracht hat. Ein kluger Schachzug, um den Schulleitern Argumente zu liefern, wenn sich Kinder und Eltern beschweren, das Essen sei nicht gut, denn es schmeckt rundherum sichtlich. Auch Nora steht für Fragen zur Verfügung (»War es schlimm?« »Es war sechs Monate lang die Hölle!«), und mit vereinten Kräften können sie die Herrschaften für das Projekt *School Dinners* gewinnen.

Zur Unterstützung der Schulen produziert Jamie »Starterkits«, handliche Pakete für die Schulen, deren Inhalt ihnen bei der Umstellung helfen soll und die sich in seinem Experiment bereits bewährt haben:

Unterrichtsmaterial für die Lehrer aller Fächer. In Musik wird von Essen gesungen, in Mathematik werden Erbsen addiert. Beispielstunden liegen ebenso bei wie Rezepte, die mit der Klasse gekocht werden können, und eine Anleitung, wie man einen Schulkräutergarten anlegt.

Ein praktischer Küchenratgeber, wie die *Dinner Ladies* den Übergang von vorgefertigtem Essen zu frisch zubereitetem schaffen können.

Eine Sammlung von 40 Rezepten für Schulküchen

Obst- und Gemüsebilder für den Unterricht

Die begehrten Aufkleber für Kinder

Und Abzeichen für die *Dinner Ladies*

Schon bei seinem ersten Einsatz mit den neuen Schulen stößt Jamie auf ein ganz neues Problem. Nicht alle *Dinner Ladies* sind wie seine Nora. Nicht so rührig, nicht so zupackend, nicht so optimistisch und vor allem: Viele können nicht kochen. Kochkenntnisse waren nicht einmal eine Anforderung für eine Einstellung als *Dinner Lady* – wozu auch. Für Jamie ist es jedoch ein gewichtiges Problem, denn die *Dinner Ladies* sind seine Partner in diesem Kampf, er ist auf sie angewiesen. Da Jamie davon überzeugt ist, dass jeder kochen kann, leiht er sich kurzerhand vom britischen Militär ein paar Zelte, Feldküchen, ein paar Köche und bläst zum Appell. In den verschiedenen Zelten sollen die Rezepte eingeübt werden, allerdings fehlt es an manchen Stellen am Basiswissen: Wie schneide ich eine Zwiebel …?

Insgesamt 27 Schulen hat Jamie schließlich in seinem Projekt vereint. Jede Einzelne davon macht ihren ganz eigenen Albtraum von heulenden und tobenden Kindern sowie heulenden und tobenden *Dinner Ladies* durch. Einer Gruppe von Totalverweigerern (Kinder, nicht *Dinner Ladies*) führt Jamie schließlich vor, wie ihre geliebten Chicken Nuggets gemacht werden: Vor ihren Augen entfernt er alle essbaren Teile eines Huhnes und steckt den übrig gebliebenen Rest in den Mixer. Dem fügt er zwei Hand voll Haut hinzu, ein paar Löffel Schweinefett und ein pulvriges Gemisch, das die Zusatzstoffe enthält. Es ist kein schöner Anblick. Die rosa klumpige Suppe entlockt den Kindern Laute, die sie sonst nur beim Anblick von frischem Gemüse von sich geben. Die Wirkung ist durchschlagend: Die komplette Gruppe will die Nuggets nicht mehr anrühren. »Schocktaktik« nennt Jamie das, und an den Erfolg derselben wird er in Zukunft noch anknüpfen.

Zur selben Zeit trifft sich Jamie mit dem Bezirksvorsteher und dem Bildungsminister sowie der Delegierten für Schulkost. Und immer wenn die ihm erklären, dass sie leider die 10 Pence Mehrkosten, die jedem Kind ein vernünftiges Essen garantieren würden, nicht zahlen können, muss man Jamie für seinen stoischen Willen bewundern. Schließlich wäre es der Job dieser Politiker gewesen, das zu tun, was Jamie ihnen gerade vormacht, dem sie nun nicht einmal den Weg ebnen.

Um die Unterstützung, die Jamie von den meisten Eltern und Fernsehzuschauern erfährt, zu nutzen, startet er die Kampagne *Feed Me Better*. In einem Onlineformular können alle eine von Jamie verfasste Petition unterschreiben. Damit fordern sie:

— die Garantie einer ausgewogenen Mahlzeit für jeden Schüler
— die Einführung von Nährwertstandards und das Abschaffen von Junkfood
— Training für die *Dinner Ladies*

– die Berücksichtigung der Themen Ernährung und Gesundheit im Schulunterricht
– die Finanzierung einer dauerhaften Verbesserung der Schulkost

Die Petition, von der sich Jamie 10.000 Unterschriften erhofft, wird zu einer der größten Petitionskampagnen, die das Internet je gesehen hat: Über 270.000 Menschen bringen ihren Willen für Veränderung zum Ausdruck. Eine Viertelmillion Menschen kann die Regierung nicht ignorieren, besonders nicht, wenn die Wahlen vor der Tür stehen. Und so wird Jamie mitsamt seiner Petition wieder vom damaligen Premierminister Tony Blair höchstpersönlich in 10 Downing Street empfangen. Diesmal mit dem Unterschied, dass er nicht in der Küche verschwindet, sondern im Besucherzimmer Platz nimmt, um dem Premierminister am 30. März 2005 den Willen seiner Wähler zu übermitteln.

Aufgrund der Reaktion auf die Sendung *School Dinners* und die Petition *Feed Me Better* stellt die britische Regierung den Schulküchen für die kommenden drei Jahre ein Plus von 280 Millionen Pfund (417 Millionen Euro) zur Verfügung. Außerdem wird ein Expertenrat zusammengestellt, der eine Reihe strenger Nährwertvorgaben für Schulen erarbeitet. Turkey Twizzlers sind, ebenso wie viele andere minderwertige Produkte, aus dem Angebot der Schulküchen verbannt. Generell darf frittiertes Essen maximal zweimal die Woche ausgegeben werden. Ebenfalls verbannt sind die Softdrinks der Limonadenindustrie, sie werden durch Wasser ersetzt. 2009 wird eine Studie der Universität von Essex veröffentlicht, die nachweist, dass der Notendurchschnitt der Kinder nach der Umstellung auf gesundes Essen signifikant gestiegen, die Abwesenheitsrate dafür gesunken ist.

Nach einem Jahr Abstand kehrt Jamie mit den Fernsehkameras zurück. In *Jamie's Return to School Dinners* reist Jamie in die Grafschaft Lincolnshire, in der viele Schulen die Schulkost ganz gestrichen haben, um Geld zu sparen. Hier startet er eine Initiative, in der er die Schulen mit lokalen Restaurants und Pubs, Hotelküchen und Zulieferern zusammenbringt, was ihm auch gelingt. Bei einem Treffen mit Tony Blair wird ihm versichert, dass noch einmal 280 Millionen Pfund für die nächsten drei Jahre zur Verfügung gestellt werden sowie Gelder für die Schulen, die über keine Küche verfügen, damit sie eine bauen können. Außerdem lässt Jamie sich noch zusichern, dass sich der Staat mit seiner neuen Idee von Lernküchen im ganzen Land beschäftigt und einen freiwilligen Verhaltenskodex für Junkfoodwerbung für Kinder erlässt.

Die Presse berichtet mit Begeisterung von *Jamies School Dinners*, aber nachdem alles Positive gesagt ist, stürzen sie sich auf die Aussagen von Jamie, die eine reißerische Schlagzeile hergeben, zum Beispiel die hier:

»Wenn Sie Ihrem kleinen Kind Softdrinks geben, sind Sie ein Arschloch, ein Depp. Wenn Sie ihm eine Tüte Chips geben, sind Sie ein Idiot. Und wenn Sie ihm keine warme Mahlzeit kochen: Kriegen Sie's geregelt!«

Hart? Sicher. Vielleicht versteht man seine Wut aber ein bisschen besser, wenn man sich die Situation vorstellt, in der das Gesagte aus ihm herausplatzte: Jamie redet mit einer Gruppe Eltern über die Umstellung des Schulessens und darüber, wie wichtig es ist, dass die Kinder eine gesunde Mahlzeit bekommen, als eine deutlich übergewichtige Mutter ihn angiftet, weil er ihren Kindern den süßen Karamellkuchen wegnehmen will. Was ihn dabei fast vom Glauben abfallen lässt, sind nicht die Anschuldigungen, sondern dass sie währenddessen ein Kleinkind im Arm hält, dem sie gerade Coca-Cola mit dem Fläschchen füttert.

Das ganze Projekt *School Dinners* zehrt an Jamie. Er ist nicht nur im Stress, das ist er sonst auch. Er verliert etwas von seiner Lebensfreude, er ist trauriger, ernster geworden. Bei der Arbeit mit den Schulen ist er zwar stolz auf die Erfolge, aber die Arbeit selbst ist unglaublich hart. Darum beschließt er, nach *Jamie's School Dinners* und vor *Return zu Jamie's School Dinners* sich ein Jahr lang nicht um andere zu kümmern, sondern:

Der Kampf in den Schulkantinen

– um Jools: »Von jetzt an nehme ich mir die Wochenenden frei und drei Wochen Urlaub im Jahr.«
– und um sich selbst: Er wird sich einen lang gehegten Traum erfüllen und mit dem VW-Bus auf kulinarischer Entdeckungsreise quer durch Italien fahren.

Jamie's School Dinners Facts:

1 Staffel, 4 Episoden

Erstausstrahlung: Februar 2005 (UK) auf Channel 4

Special: *Jamie's Return to School Dinners*, Erstausstrahlung September 2006 (UK) auf Channel 4

Jamie's School Dinners gewann bei den *National TV Awards* den Preis für die beste Dokuserie, und Jamie erhielt einen Sonderpreis für seinen Beitrag zum Fernsehen, außerdem wählten ihn die Zuschauer von Channel 4 zur inspirierendsten politischen Persönlichkeit des Jahres 2005.

Buch:

Jamie's Dinners: The Essential Family Cookbook, ISBN-10: 1401301940, 2004

Auf Deutsch erschienen als:

Essen ist fertig! Die besten Rezepte für jeden Tag, ISBN 3831007292, 2005

DVD:

Jamie's School Dinners, ASIN: B00099BISK, 2005

Sprache: englisch, mit oder ohne Fluchen wählbar

Jamie Oliver

Preise:

2006 – Auszeichnung als beste Dokuserie für *Jamie's School Dinners* bei den *BAFTA Awards*

2006 – *Richard Dimbleby Award* für den außergewöhnlichsten Moderator im Bereich Dokumentationen bei den BAFTAs

2006 – Auszeichnung für herausragende Leistungen bei den *British Book Awards*

2006 – Auszeichnung für herausragende Leistungen bei den *Observer Food Monthly Awards* für *Jamie's School Dinners* im März 2006

2006 – Beste Dokumentarserie – Allgemein bei den *Royal Television Society Awards* für *Jamie's School Dinners*

2006 – *BT Childline Awards*

2006 – *Hero Award* in Anerkennung seines Einsatzes für Kinder

2006 – Inspirierendste politische Persönlichkeit gewählt von *Channel 4 News*

November 2005 – Auszeichnung für seinen prägenden Einfluss auf die Politik durch die *Political Studies Association*

Oktober 2005: Auszeichnung für besondere Leistungen – *UK National TV Awards*

Oktober 2005 – Beste Dokuserie (für *Jamie's School Dinners*) – *UK National TV Awards*

2005 – Auszeichnung für besondere Leistungen – *UK National TV Awards*

2005 – Großzügigster Star – Sonderpreis der Jury bei den *Beacon Fellowship Awards*

2005 – *British Hospitality Association Award*

2005 – Auszeichnung für einen herausragenden Beitrag zur Verbreitung von Gesundheitsbewusstsein – Preis der Jury bei den *Communiqué Awards*

2005 – Hoch gelobt (für *Feed Me Better*) – *New Media Awards*

2005 – Beste Starpage (jamieoliver. com) – *Webby Awards*

2005 – *British Hospitality Association Award*

2005 – Besondere Auszeichnung für die *School-Dinners*-Kampagne von der Local Authority Caterers Association Conference.

2005 – *Alwyn-Smith*-Preis an der Faculty of Public Health für die *Feed-Me-Better*-Kampagne[53]

---

53 Aus: www.jamieoliver.de/about/jamie-oliver-biog.

Italienische Auszeit

Jamie braucht nicht nur Urlaub. Er braucht Zeit, um nachzudenken. 2005 ist das Jahr, in dem er 30 Jahre alt wird. Wie bei vielen Geburtstagen, und bei den runden noch etwas mehr, reflektiert man über das, was man bisher erreicht hat, und das, was einem wichtig ist im Leben. Jamie führt dieses Innehalten zurück zu seinen Wurzeln, zu dem, was er eigentlich liebt: Kochen und die italienische Küche. Nach dem anstrengenden Projekt mit den Jugendlichen, das dieses Jahr in die vierte Bewerberrunde geht, nach den schwabbeligen Kinderbäuchen, Turkey Twizzlers, Polittheater und administrativer Erbsenzählerei – im wahrsten Sinne des Wortes – muss Jamie wieder zu sich selbst finden. Vor allem aber muss er die Liebe zum Kochen wiederfinden. Er, der sein Umfeld, Millionen von Zuschauern und eine ganze Nation mit seiner Begeisterung anstecken konnte, ist ausgebrannt.

Seine sozialen Projekte lagen und liegen ihm sehr am Herzen, und er weiß, dass er das Richtige tut. Leider kam es genau so, wie er es geahnt hatte: »Ich weiß, ich sollte mich gut damit fühlen, aber ich fühlte mich beschissen, jeden Tag.«[54]

Die letzten vier Jahre hat er das durchgehalten. Er hat versucht, anderen etwas zu geben, ihnen etwas beizubringen, inspirierend zu sein, ein Vorbild und ein Mentor für die fünfzehn, für die Schulkinder, die *Dinner Ladies* und die Eltern – doch jetzt ist es an der Zeit, etwas für

---

54 http://www.independent.co.uk/life-style/food-and-drink/features/jamie-oliver-naked-ambition-6144869.html.

sich selbst zu tun, sich selbst inspirieren zu lassen, Neues zu lernen und die Batterien aufzuladen.

Außerdem lastet eine zunehmende Verantwortung auf seinen Schultern. Schon lange ist er nicht mehr der junge, unbekümmerte *Naked Chef*, der auf dem Geländer einer Wendeltreppe heruntersaust, er ist mit seinem Namen längst zu einem Imperium geworden. Seine Firmen *Sweet as Candy Holdings* und *Sweet as Candy Limited*, die sich um seine unzähligen Ablegergeschäfte kümmern, machen inzwischen den größten Teil seiner Einnahmen aus. Ganze vier Geschäftsstellen sind nötig, um seine Angestellten unterzubringen, alleine 60 davon arbeiten in den *Sweet-as-Candy*-Büros. Dazu kommen 100 Restaurantangestellte, zehn Leute, die sich um die Stiftung kümmern, plus die Belegschaft seiner Fernsehproduktionsfirma. Er führt einen monatlichen Interviewtag ein, an dem Reporter aus der ganzen Welt die *Sweet-as-Candy*-Büros belegen und auf ihre ihnen zugestandenen Minuten warten. Warum er das so handhabt, beantwortet Jamie einer genervten Journalistin des *Independent*:

«Weil es niederländische oder brasilianische Verleger, Radiosender oder Topmagazine oder sonst was gibt, die meinen PR-Leuten jeden Tag an die Eier gehen, weil sie ein paar Sätze plauschen wollen.» Jamies Sendungen werden inzwischen in über 50 Ländern ausgestrahlt. Da kann man sich schon einmal zwischendurch freischwimmen wollen.

Angeregt durch seinen Freund Gennaro und die Erzählungen anderer Freunde (die, im Gegensatz zu ihm, schon viele Reisen hinter sich haben), beschließt Jamie, mit dem alten VW-Bus und einem extra Kochanhänger durch Italien zu fahren. Er sucht eine Welt, die noch in Ordnung ist, eine Welt, in der die Abendessen nicht aus Mikrowellen-Fertiggerichten bestehen, wo die Leute ihren Kräutergarten pflegen und guten Wein zu schätzen wissen. Wo er Luft holen kann und diese Luft voller wunderbarer Gerüche ist: Italien eben. Gennaro drängt Jamie seit Langem, endlich nicht nur die italienische Küche, sondern vor allem die italienische Art, zu kochen und zu leben, kennenzulernen. Er weiß, dass Jamie die Reise in vielfacher Hinsicht guttun wird. Und so ist es fast eine Art Hommage an seine Meister, endlich eine kulinarische Entdeckungstour durch das Land zu unternehmen, das Gennaro, Carluccio, Ruth Rogers und Rose Gray inspiriert hat. Drei Monate soll die Reise dauern, und davon ist Jools überhaupt nicht begeistert. Aber sie kennt ihren Mann und weiß: Essen und Kochen sind sein Leben. Wenn er dafür keine Leidenschaft mehr verspürt, ist er verloren. Auch Jamie ist ungern so lange von ihr und den Kindern getrennt, aber er stellt fest: »Man muss sich selbst glücklich machen, bevor man andere glücklich machen kann.« Er verspricht sich, von der Tour als besserer Vater, besserer Ehemann und besserer Arbeitgeber zurückzukommen. Ein bisschen Egoismus sei Jamie, der seit seiner Kindheit oder doch zumindest seit seiner Jugend durcharbeitet, zugestanden. *Ich bin dann mal weg*, hat ein anderer Star seine Auszeit betitelt, *Jamie's great Italian Escape* (Jamies große italienische Flucht), nennt Jamie die seinige. Beide verarbeiten diese Zeit kreativ: Der eine schreibt, der andere kocht. Am Tag seiner Abreise aus London stehen mindestens fünf Paparazzi mit ihren Kameras um Jamies Haus und den VW-Bus, und Jools' Abschiedstränen sorgen natürlich für die Schlagzeilen am nächsten Tag:

Ehe am Ende, Jaime fährt davon, Jools in Tränen aufgelöst.

Es ist eine Art Hassliebe, die Jamie mit der Presse verbindet. Zum einen braucht und benutzt er die Kameras und die Reporter, um das, was ihm wichtig ist, in die Welt zu tragen. Er lässt sich bei seinen Projekten fast rund um die Uhr von seiner Produktion filmen, denn er weiß, wie wichtig die private Seite für seinen Erfolg ist. Die Kameras sind regelmäßig in seinem Haus, sie filmen Jools und die Kinder. Auch eine tränenreiche Szene, als Jools von einer vermeintlichen Affäre von Jamie erfährt, wird aufgezeichnet und gesendet. Eigentlich, so Jamie, filmt er nicht gerne zu Hause: »… aber wenn man die Herzen der Leute erreichen und eine echte, unverfälschte Darstellung machen will, bleibt einem nichts anderes übrig, um eine aussagekräftige Dokumentation hinzubekommen.« Trotzdem geht diese Bereitschaft nicht über einen gewissen Punkt hinaus: »Die Frage ist doch: Hat es Auswirkungen auf uns als Familie? Jools würde das nicht zulassen und ich auch nicht.« Er vertraut außerdem völlig auf den Regisseur und den Produzenten seiner Produktion, wie auf alle diejenigen, die er einmal ins Herz geschlossen und/oder angestellt hat, was so ziemlich das Gleiche ist.

Wie selbstverständlich für Jamie die Präsenz der Kameras ist, sieht man an seiner erstaunten Antwort, als er gefragt wird, ob ihn denn während seiner dreimonatigen Auszeit in Italien Kameras begleiten werden: »Ja, klar!«[55]

Und so sind die Kameras live dabei, als Jamie sich von seinen Lieben verabschiedet, sich bei der kleinen Daisy für die Frisur entschuldigt (nicht ohne Grund), die er ihr verpasst hat (»Sorry for that haircut«), und mit seinem blauen Bus samt Anhänger Richtung Italien rumpelt. Mit der Fähre geht es los und quer durch Europa weiter, bis er endlich in seinem Traumland ankommt. Zuvor war er kurz während seiner Ausbildung und auf seiner Hochzeitsreise mit Jools hier, aber er ist noch nie durch die Straßen und Gassen eines italienischen Dorfes geschlendert, hat am frühen Morgen die Fischerboote am Hafen beobachtet oder in der Dorfkneipe mit den Einheimischen gefeiert. Das alles holt er nun nach in: *Jamie's Great Italian Escape.*

Auf **Sizilien** wirft sich Jamie mitten in den Trubel eines sizilianischen Straßenmarktes in Palermo. Zwischen den Lebensmittelständen, die überquellen von Tomaten, Salaten, Zitrusfrüchten und Artischocken, zwischen Fässern mit eingelegten Oliven und triefenden Bergen von Ziegenkäse sieht sich Jamie um und freut sich wie ein kleines Kind. Zwischen den Marktständen stehen kleine Schnellküchen, die das einkaufswütige Volk mit Mahlzeiten versorgen. Eingerahmt werden sie von

---

55 http://www.independent.co.uk/life-style/food-and-drink/features/jamie-oliver-naked-ambition-6144869.html.

knatternden Mopeds, Zigarre qualmenden Händlern und Hausfrauen in Kittelschürzen. Es gibt keine Hotdogs, Pizzastücke oder Wurstsemmeln, sondern nur frisch zubereitete Gerichte, mit Zutaten direkt hier vom Markt. Es ist eine schlichte und unfassbar gute Küche. Fangfrische Fischfilets, knackige Salate und gekochte Artischocken mit Zitrone sind hier billig zu bekommen. Es ist die gelebte Philosophie von Jamie: Nicht kompliziert muss es sein, die Zutaten müssen stimmen! Allerdings fühlt er sich kurz in die Schulkantine in Greenwich versetzt, als er auf dem Nachtmarkt gebratenen Fisch mit Kräutern an die Sizilianer bringen will: Trotz der vielfältigen, arabisch beeinflussten Küche mit ihren tausend Aromen machen diese das gleiche Gesicht wie der kleine Lian in London. Kräuter zum Fisch, wo kommen wir denn da hin?!

Marettimo ist eine kleine Insel vor der sizilianischen Westküste und gleichzeitig der Name des einzigen Ortes auf dieser Insel. Dieser Fischerort mit seinen knapp 600 Einwohnern sieht genauso aus, wie eine italienische Insel aussehen muss. An den kleinen Hafen schwappen die Wellen, auf dem türkisblauen Wasser schaukeln die Holzboote, Netze hängen zum Trocknen aus, und weiße Häuser reihen sich dahinter in engen Gassen zusammen. Eines dieser Häuser ist das Restaurant von Giovanni: *La Scaletti.*

Es war zuvor ausgemacht, dass Jamie hier für eine Woche mitarbeitet, bei Giovanni, dem bärtigen Wirt, Koch, Geschäftsführer und Kellner in Personalunion, dessen Lachfalten um die Augen sich tief in die braune Haut eingegraben haben. »Erst mal ein Gläschen auf den Neuankömmling«, findet Giovanni und verpasst Jamie mit seiner Pranke lachend einen kumpelhaften Schlag auf die britisch-blasse Schulter. Jamie liebt ihn sofort.

Zunächst soll der junge Gastarbeiter zeigen, was er kann, und Giovanni bittet ihn, ein typisches Fischgericht aus seinem Land zu zaubern. Nach einigem Überlegen fällt Jamie auch eines ein: Fish Pie! Fish Pie ist eine Art Auflauf mit zerkleinertem Fisch, cremiger Soße, überbacken mit Kartoffelbrei. Jamie gibt sich bestimmt große Mühe, und es ist mit Sicherheit ein hervorragender Fish Pie, den er Giovanni auftischt, aber nach den ersten Bissen macht Giovanni klar: Der Junge darf hier höchstens assistieren.

Jamie verbringt eine wunderbare Woche auf der Insel. Morgens fährt er mit Giovanni zum Hafen, um zu sehen, was die Fischer an Land gezogen haben. Seeteufel, Oktopus und Calamari, alles wird hinten zu Jamie auf die Ladefläche des Piaggio – ein italienisches Lastendreirad – geworfen. In der Küche überlegen sie dann, was sie daraus machen. Vier verschiedene Gerichte gibt es im *La Scaletti* täglich, und Giovanni ist genau der, den Jamie gebraucht hat: ein Koch mit Leib und Seele, der vor Lebensfreude glüht und Jamie mitreißt. Jamie, der gekommen ist, um etwas von dem Koch zu lernen, lernt etwas vom Lebemann. Zu rauchen und zu trinken würde er ihm gerne beibringen, lacht Giovanni und macht dabei eine ausholende Armbewegung, die die ganze Welt einschließt – zumindest das mit dem Trinken hat Giovanni erreicht, und Jamie sinkt an diesem Abend giggelnd, glücklich und mit deutlicher Schlagseite ins Bett. Hier auf der Insel wird Jamie bewusst, dass es in seinem Leben nur zwei Zustände gibt: entweder arbeitend oder zu Hause mit der Familie, etwas anderes existiert nicht.

Als krönenden Abschluss will Jamie am letzten Tag Giovanni die Arbeit abnehmen und das Menü selbst zubereiten. »*Ich* beunruhigt? Warum sollte ich beunruhigt sein?«, murmelt Giovanni, fuhrwerkt in der Küche herum, und man sieht ihm an, dass er sehr, sehr beunruhigt ist. Freunde, Gäste und Familie aus dem Dorf sind zum Essen gekommen, und Jamie weiß: Er hat die strengsten Kritiker der Welt vor sich! Schließlich sind sie alle echte Experten, was das Essen angeht, und außerdem wird alles mit der Küche der Mamma verglichen. »Ist aber ganz okay«, was er ihnen auftischt.

Im Benediktinerkloster **Abbazia di Farfa** möchte Jamie sich den Wurzeln der italienischen Küche widmen. Das Kloster verfügt über einen
1500 Jahre alten Kräutergarten. Was er jedoch antrifft, sind einige
wirklich reizende Mönche, die Nahrungsergänzungsmittel schlucken,
Dosengemüse in der Küche und ein völlig verwilderter Garten. Kurzerhand stellt er sich mit zwei Padres an den Straßenrand und bekocht
vorbeifahrende Autofahrer gegen eine Spende für den Kräutergarten.
Das Konzept geht auf, der Garten wird neu angelegt, und den Mönchen
zeigt er ein paar einfache Kniffe in der Küche. Ganz nebenbei und vollkommen mühelos tritt er noch in ein paar Fettnäpfchen, indem er das
Morgengebet verpennt, sich während der stillen Andacht rausschleicht,
um mit Jools zu telefonieren, und auch sein Tischgebet: »Für das, was
wir gleich essen werden, wäre Gott wahrhaft dankbar« ist nicht nach
dem Geschmack aller katholischen Zuschauer.

In der Region **Marken**, deren Hauptstadt Ancona ist, trifft Jamie auf
den Jäger und Bauern Massimo. Hier bekommt er das Kontrastprogramm zu der sonnigen Mittelmeerinsel Sizilien: Ein raues Klima und
nebelverhangene grüne Berge bestimmen das Bild. Aber nicht nur die
Landschaft in den Marken ist anders, sondern auch die Küche. Und für
den hohen Besuch aus Großbritannien schlachtet die Familie Massimos
ein Lamm. Genauer gesagt, sie schlachten es nicht selbst, sondern lassen
Jamie diese Ehre zuteilwerden, er ist ja schließlich der berühmte Koch.
In dieses Angebot schleicht sich ein unterschwelliger Test: »Wollen wir
doch mal sehen, ob er sich das traut, der Superstar.« Das kennt jeder, der
schon einmal auf einem Bauernhof war und die Erheiterung im Gesicht
des Bauern gesehen hat, wenn man sich etwa beim Misten ekelt. Jamie
winkt energisch ab. »*No way*«, unter gar keinen Umständen macht er
das. Massimo und seine Freunde lassen aber nicht locker, und schließlich denkt sich Jamie: Ein Küchenchef, der bestimmt schon 2000 Lämmer in seinem Leben zubereitet hat, sollte fähig sein, eines zu schlachten.

Er ist nervös, aber er tut, wie Massimo ihm sagt. Dem Lamm werden die Füße verschnürt, die Kehle wird ihm durchgeschnitten, und anschließend wird es aufgehängt zum Häuten. »*Emotional*« war das, sagt Jamie und verzieht das Gesicht, und »*hardcore*«. Vor den heimischen Bildschirmen sorgen die Bilder für Empörung, was verständlich, aber nicht ganz ohne Ironie ist: In einem Land, in dem die allermeisten Tiere unter den abscheulichsten Bedingungen gehalten werden, ist die Schlachtung des Lamms ein Skandal.

Wie normal für die Einheimischen hingegen das Schlachten und Jagen ist, erfährt Jamie, als er mit Massimo auf die Pirsch geht: Ein Wildschwein soll geschossen werden, für das Dorffest. Als der Kadaver gehäutet über einer Schüssel mit Blut und Innereien hängt, steht Massimos 5-jährige Tochter daneben und besieht sich das Ganze. »Deswegen sind das solche Experten«, sagt Jamie und deutet auf die Kleine. »Die lernen, wo das Essen herkommt, wie es aussieht und wie man es zubereitet, von klein auf.«

Das Dorffest ist eine *Sagra*, ein Fest für ein bestimmtes Gericht, ein Lebensmittel oder einen Wein. Uns mag es seltsam vorkommen, aber Pecorino-Käse ist nicht der schlechteste Grund für ein Fest. In Massimos Dorf gibt es zur Feier Pasta (Tallarine) mit Wildschweinragout. Ebendiese Pasta ist Hauptbestandteil eines Wettbewerbs, zu dem Massimo Jamie angemeldet hat: Wer macht innerhalb von fünf Minuten den größten Pastateig? Schon am Morgen fährt ein kleines Auto mit einem großen Lautsprecher durch die Gassen des Orts und kündigt die Anwesenheit des Starkochs an. Und so steht Jamie wenig später mit Schürze und Nudelholz in einer Reihe mit den *Mammas* des Dorfs. »Die werden mir den Arsch aufreißen«, lacht er, schlägt sich aber gar nicht schlecht: Er hätte sogar gewonnen, wären in seinem Teig nicht ein paar Löcher gewesen. Die Ragoutsoße für das Festmahl darf Jamie kochen, aber nach seinen Erfahrungen mit den Italienern, die ihr Essen ausschließlich so mögen, wie es in ihrem Dorf gemacht wird, nimmt er dankbar den Rat der besten Köchin des Dorfs an. Er tauscht Rot- gegen Weißwein, Pfeffer gegen Peperoncini und frische Tomaten gegen passierte aus dem Glas. Dafür wird er prompt vom ganzen Dorf gefeiert: fast wie bei *Mamma*!

In **Apulien**, dem Absatz des italienischen Stiefels auf der Karte, einer der ärmsten Regionen Italiens, wohnt Jamie bei Bäcker Beppe, der ihn in die öffentliche Schule einschleust, auf die seine Kinder gehen. Jamie sieht sich dort die Schulküche an und ist völlig irritiert: Es riecht gut! Der Duft kommt von den riesigen Töpfen mit Pastasauce. Die Kinder hier haben keine Wahl, es gibt, was es gibt – und heute gibt es Makkaroni mit Proscuitto, Mozzarella und Parmesan! Pasta und Olivenöl ist übrigens Bio, das ist Vorschrift in ganz Italien, Frittiertes gibt es überhaupt nie und Formfleisch auch nicht, dafür täglich Obst. Die Kinder lernen von klein auf, gesundes Essen zu mögen. Selbst die Dreijährigen können die Namen der Gemüsesorten benennen, die Jamie in die Höhe hält. Auberginen, Zucchini, Artischocken sind gar kein Problem, und Jamie lacht vor Freude, denn auch als er einen Fenchel zeigt, kommt es aus allen Mündern: »*Finocchio*!« Kein Wunder, dass der McDonald's, der hier aufgemacht hat, nach drei Monaten wieder schließen musste – die Kinder waren schlicht nicht interessiert.
Umgerechnet 90 Pence geben die Italiener der ärmsten Region Italiens für jede Portion Schulessen aus. 37 Pence war die oberste Grenze für Jamie in England.

Minori ist die letzte Station auf Jamies Reise und Gennaros Heimatort. Der kleine Ort liegt an der Amalfiküste. Jamie wohnt im Haus von Gennaros Vater, einem kleinen, einfachen Bauernhaus in den Bergen. Das Zimmer und die Küche mit der Feuerstelle sind weiß gekalkt, an den Sträuchern hängen Zitronen, und Jamies Bett ist eine Klappmatratze. Es sei wie »zu Hause anzukommen«, sagt er zu Gennaro am Telefon. Hier in Minori feiert Jamie seinen 30. Geburtstag und gibt ein Festmahl für alle, die ihn auf seinem Italienabenteuer begleitet haben.

Er nimmt viel mit von dieser Reise, die Rezepte der *Mammas* und *Nonnas*, Giovannis Leichtigkeit, Begeisterung und die Erkenntnis: Eigentlich hätte er Italiener werden sollen. Ihm wird aber auch bewusst, was er an den Briten mag. Sie sind Neuem gegenüber aufgeschlossener. Während die Italiener schon bei einer Zutat zu viel abwinken – »so macht man das hier in der Gegend nicht« –, probieren die Briten marokkanische, chinesische, koreanisch-indische und thailändische Küche, eben alles, was die Welt kulinarisch zu bieten hat. (Nur böse Zungen behaupten, dass sie das aus reiner Verzweiflung tun.)

Das Buch *Jamie's Italy* (*Genial italienisch*), erscheint im Oktober 2005 und landet fast sofort auf Platz eins der Bestsellerliste. In der Woche vor Weihnachten wird es so oft verkauft wie noch kein anderes Sachbuch je zuvor. Es wird für den Preis als *Buch des Jahres* beim *British Book Award* nominiert.

Jamies Great Italian Escape Facts:

1 Staffel, 6 Episoden
Erstausstrahlung: 19. Oktober 2005, Channel 4

Begleitendes Kochbuch

Jamie's Italy (2005) ISBN-10: 1401301959
Deutscher Titel: *Genial italienisch*, 2006, ISBN-10: 3831008795

DVD

Jamie Oliver – *Genial italienisch: Jamie's Great Italian Escape*, ASIN: B006PK4ORY,
Sprache: deutsch

Folgen:

Folge 1: Auf nach Sizilien

Folge 2: Besuch auf Marettimo

Folge 3: Im Kloster

Folge 4: Das Kochfestival

Folge 5: Familienfeier

Folge 6: Party

Titel: *Jamie's Italy*, 2005, ISBN-10: 0718147707

Deutscher Titel: *Genial Italienisch*, 2006, ISBN-10: 3831008795

Inspiriert von der Vielfalt der italienischen Küche und einem Geschäftsmodell, das Jamie bei Carluccio gesehen hat, nimmt im Herbst 2007 ein neuer Plan Gestalt an: Jamie möchte eine Restaurantkette mit italienischen Restaurants eröffnen. Er denkt dabei an nichts Edles und Schickes, sondern an nette und gemütliche Um-die-Ecke-Läden, in denen man etwas essen und trinken kann oder einfach über einem Kaffee den Passanten hinterherschaut. Rustikale, aber hervorragende und erschwingliche italienische Gerichte soll es geben. Frische Pasta, hausgemachtes Brot und guter Wein sind die Pfeiler, auf denen die Restaurants stehen sollen. Im Mai 2008 eröffnet das erste *Jamie's Italian* in Oxford, ein halbes Jahr später folgt das zweite in Kingston. Heute sind es 33 Restaurants, 30 in England, zwei in Dubai und eines in Sydney.

Während seiner Reise durch Italien hat Jamie zwar immer wieder Abstecher nach Hause gemacht, aber er war trotzdem lange fort. Es ist an der Zeit, dass die Familie etwas zusammen unternimmt. Er will mit seinen drei Mädchen für ein, zwei Monate nach New York. Urlaub, Familienzeit – mit allerhöchstens fünf, sechs Stunden Arbeit morgens … denn ganz ohne Arbeit geht es für Jamie nicht. Außerdem will er mit Nora und ein paar der fünfzehn nach Italien, zudem Folgeshows von *School Dinners* drehen, er bringt nebenbei den *Flavour Shaker TM* auf den Markt, und ein neues Kochbuch hat er auch schon länger im Sinn. Dieses Kochbuch erscheint im Oktober 2006 in Großbritannien (2007 in Deutschland) und heißt *Cook With Jamie* (Besser kochen mit Jamie Oliver).

Im Gegensatz zu dem pittoresken Italienbuch, in dem Lokalkolorit von jeder Seite springt, bekommt *Cook With Jamie* ein cooles, modernes, schwarz-weißes Cover. Es ist sein bisher umfangreichstes Buch, von dem er sagt, er werde das Gefühl nicht los, dass es eigentlich sein erstes hätte sein müssen. Vermutlich weil es eine Art Einführung in die Welt des Kochens ist, inspiriert von der Arbeit mit den Jugendlichen von *Fifteen*, wo er bei null beginnen musste. Man kann mit diesem Buch also Lehrling spielen, es wird erklärt, welche Küchengeräte man wirklich braucht, wie man erkennt, ob Fleisch durch ist, wie man ein Salatdressing anmacht und Kuchenteig so rührt, dass er locker wird. Der komplette Erlös dieses Buches geht an die *Fifteen Foundation*.

Cook With Jamie, Oktober 2006,
ISBN-10: 0718147715

Besser kochen mit Jamie Oliver, 2007,
ISBN-10: 3831010315

Jamie zu Hause

Im Jahr 2003, kurz nach dem *Fifteen*-Projekt, erfüllen sich die Olivers den Traum vieler junger Familien und kaufen ein Haus auf dem Land. Eigentlich ist es weniger ein Haus als vielmehr ein Stück Land mit einem heruntergekommenen Gehöft in der Mitte. Übrigens just in dem Ort – beziehungsweise etwas außerhalb davon – , in dem Jamie aufgewachsen ist: in Clavering. Das Anwesen in ein gemütliches Heim zu verwandeln dauert lange, auch weil die Olivers den Charme des alten Gebäudes so weit wie möglich erhalten wollen. Noch bevor alles fertig ist, beginnt Jamie damit, den Gemüse- und Kräutergarten unter fachmännischer Anleitung in Schuss zu bringen. Jekka McVicar, eine Spezialistin in Sachen Heilkräuter, Duft- und Küchenkräuter, steht ihm zur Seite sowie der Gartenarchitekt Roger Platts.[56] Das Ergebnis des kompletten Umbaus ist atemberaubend.

Zwischen kurvigen Landstraßen und den grünen Hügeln von Essex beginnt hinter ein paar alten Bauernhäusern ein einfacher Holzzaun, der schließlich in eine großzügige Einfahrt mündet. Hier stehen ein paar restaurierte Scheunen, die Jamie für seine TV-Produktion umgebaut hat und die einen Hof bilden. In dessen Mitte befindet sich ein riesiger gemauerter Holzofen. Neben einem kleinen See lädt eine Holzterrasse zum Verweilen ein, und ein Holzboot schaukelt im Schilf. Etwas weiter hinten liegt das blassrosa Wohnhaus, bewachsen mit wun-

---

56 www.jekkasherbfarm.com und www.rogerplatts.com.

derschönen, altmodischen Kletterrosen, umgeben von Blumenbeeten, einer Wiese und Bäumen, an denen Kinderschaukeln hängen. Daneben steht ein Klettergerüst. Von einer alten Steinmauer umgeben ist der große Gemüsegarten mit Hochbeeten angelegt, in dem Jamie mithilfe eines Gärtners namens Brian alle möglichen Gemüse und Kräuter anbaut. Seltene Erbsen- und Kartoffelsorten wachsen hier, in Tontöpfen am Rand warten Setzlinge darauf, in die Erde zu kommen, Bohnen wachsen an Bambusstangen empor, und gelbe Zucchiniblüten strahlen neben einer Reihe unterschiedlicher Salate und ausladendem Rhabarber mit leuchtend roten Stängeln. Jamie selbst hat allergrößten Spaß am Gärtnern: Er liebt es, mit den Händen in der Erde zu wühlen und die Dinge wachsen zu sehen. Er pflanzt und sät wie ein Berserker in Töpfe, Säcke, Beete, Dosen sowie in alle Gefäße, die sich mit Erde befüllen lassen (z. B. alte Gummistiefel). Ein paar Schritte weiter, und man steht im Obstgarten – es ist wahrhaft paradiesisch. Und es ist gleichzeitig noch viel mehr als das.

Da Jamie an keinem seiner erfolgreichen Projekte hängen geblieben ist und weder für immer als *Naked Chef* das Geländer der Wendeltreppe herunterrutscht, noch durch Italien fährt oder im *Fifteen* steht, sondern macht, was er will, und sich dorthin treiben lässt, wo er es spannend findet, stößt er meist auf genau jene Strömungen, die einen Teil der Gesellschaft gerade beschäftigen. Es ist, als repräsentiere er stets einen Teil der Bevölkerung und fungiere als dessen Sprachrohr. Alle Initiativen, die er bekannt gemacht hat, gab es in dieser oder ähnlicher Form vorher schon – es hat nur niemanden interessiert. Im Gegenteil, die Bemühungen von Prinz Charles um die biologische Landwirtschaft oder die einiger britischer Politiker um die Verbesserung des Schulessens waren nahezu parodistisch. Auch den Trend zu simplen Gerichten mit guten Zutaten hat Jamie natürlich nicht erfunden. Den gab es auch davor schon, Jamie hat ihn nur in die Welt getragen. So wie er alles in die Welt trägt, was er als gut und wichtig empfindet. Genau wie viele andere entdeckt Jamie nun, mit Anfang dreißig, eine Sehnsucht nach alten Werten in sich, nach Tradition, Nachhaltigkeit, Beständigkeit, Moral und Sinn und selbst gezogenen Biokartoffeln. Es ist ein Phänomen, das ab der Jahrtausendwende immer klarer in den Vordergrund tritt. Standen die 90er noch unter dem Motto, Spaß zu haben und zu konsumieren – »je mehr, desto besser« –, wandelt sich diese Einstellung im beginnenden dritten Jahrtausend langsam, aber sicher: Es wird vermehrt nach Qualität statt nach Quantität verlangt. Plötzlich gibt es Biosupermärkte und Bionade, und immer öfter hört man den Satz: »Ich esse nicht oft Fleisch, dafür richtig gutes.« Naturprodukte werden immer gefragter, Wellness und Yoga werden enorm populär. Die neuen Dreißigjährigen wollen versuchen, Verantwortung zu übernehmen und dementsprechend zu konsumieren. Anders als die zotteligen Jute-Ökos der 80er-Jahre wollen sie nicht verzichten, sondern gezielt einkaufen. Dafür geben sie auch gerne etwas mehr aus. Das freut Firmen wie Manufactum, deren Slogan »Es gibt sie noch, die guten Dinge« verführerisch wirkt wie nie. Der neue Lebensstil wird LOHAS genannt: *Lifestyles of Health and Sustainability*, was so viel heißt wie *Lebensstile der Gesundheit und Nachhaltigkeit.*

»Eine Studie unterteilt die LOHAS in vier Untergruppen: den verantwortungsbewussten Familienmenschen, den Connaisseur oder Weltenbürger, den Statusorientierten und den wertkonservativen Moralisten.« (Wikipedia)

All das hat unter anderem zur Folge, dass gut verdienende Pärchen am Wochenende gemeinsam auf dem Markt einkaufen gehen und die Kartoffeln bevorzugen, an denen noch ein wenig Erde pappt. Die Wirtschaft stellt sich prompt darauf ein und lackiert die neuen Modelle ihrer SUVs in gedecktem Braun. Vielleicht liegt es an den globalen Krisen, die die Menschen verunsichern und das Bedürfnis nach Sicherheit und Beständigem fördern, vielleicht ist nach 20 Jahren Fast Food und Verschwendung auch einfach die Zeit reif dafür. Wenn Jamie nun sagt: »Luxus besteht nicht mehr aus tollen Schuhen, Prada, Handys, Versace, Autos ... das ist nicht mehr, was Luxus ausmacht. Luxus ist, wie die Leute ihre Zeit verbringen«,[57] dann spricht er damit vielen aus der Seele. Das Haus auf dem Land, der Kräutergarten mit den medizinischen Heilkräutern und den (ungespritzten) Obstbäumen, das selbst angebaute Gemüse und Jamies Kochstil, der das Simple, Natürliche und Rustikale zu Prämissen erhebt, sind wie der gelebte Traum einer großen Masse. Die TV-Serie, die hier auf seinem Hof in Essex gedreht wird, wird national und international ein großer Erfolg, vielleicht auch weil die Zuseher davon träumen können, wie sie selbst gern leben würden.

Jamie At Home Facts:

2 Staffeln, 26 Episoden

Erstausstrahlung: 1. Februar 2007 (AUS) / 7. August 2007 (UK)

Deutscher Titel: *Natürlich Jamie*
Erstausstrahlung: 10. November 2007, RTL

DVD: *Jamie Oliver – Jamie At Home: The Complete Series*, ASIN: B000V6AEOU, Sprache: englisch

Auf Deutsch muss man die Staffeln sowie die Specials einzeln bestellen:
Jamie Oliver – Natürlich Jamie, Staffel 1 (2 Discs), ASIN: B00462C7PO

Jamie Oliver – Natürlich Jamie, Staffel 2 (2 Discs), ASIN: B005I735PW

Das Sommer Special ist lediglich ein Zusammenschnitt aus Staffel 1: *Jamie Oliver – Grill'n'Chill: Das Sommer-Special*, ASIN: B00393SNL8

---

57 http://www.telegraph.co.uk/foodanddrink/healthyeating/3339406/Jamie-Oliver-Jamie-at-Home-in-Chateau-Oliver.html.

Staffel 1: 13 Episoden

1. Kartoffeln
2. Erbsen und Bohnen
3. Zwiebeln
4. Erdbeeren
5. Sommerkohlgemüse
6. Karotten und Rüben
7. Grillparty
8. Sommersalate
9. Bohnen
10. Tomaten
11. Einmachen und Einlegen
12. Zucchini
13. Pizza

Staffel 2: 13 Episoden

1. Kürbisse
2. Pilze
3. Paprika und Chili
4. Wildgerichte
5. Wintergemüse
6. Gebäck
7. Gefiedertes Wild
8. Porree
9. Eier
10. Lamm
11. Wintersalat
12. Rhabarber
13. Spargel
14. Special: Weihnachts-Special

Das Kochbuch zur Serie ist nicht nur voll mit guten rustikalen Rezepten, sondern enthält auch jede Menge Tipps von Jamie (und vermutlich Gärtner Brian), was man wann und wie anpflanzen, ernten und daher kombinieren kann. Die Kapitel sind auch nicht in Fisch/ Geflügel etc. gegliedert, sondern in Frühling, Sommer, Herbst und Winter. Es ist ein schönes, reiches Buch, das sofort Lust macht, ein paar Böhnchen zu pflanzen. Es wird zu einem von Jamies bestverkauften Büchern sowohl in Großbritannien als auch im Ausland und gewinnt 2008 den *IACP-Kochbuchpreis*.

Englisch: *Jamie at Home: Cook Your Way to the Good Life*, 2007, ISBN-10: 0718152433

Deutsch: *Natürlich Jamie – Meine Frühlings-, Sommer-, Herbst- und Winterrezepte*, 2007, ISBN-10: 3831011028

Die Sache mit den Hühnern

Wie alle aufmerksamen Verbraucher verwendet auch Jamie ausschließlich Eier und Hühnchen aus Freilandhaltung. Sowohl im privaten Bereich als auch in seinen Restaurants. Und ebenso wie alle anderen aufmerksamen Verbraucher wünscht er sich, dass dies alle anderen ebenfalls tun. Jamie mag Menschen, er vertraut auf ihre Verständigkeit, und er ist überzeugt davon, dass man die Dinge lediglich erklären muss. Dem Verstehen folgt Einsehen und daraus eine Änderung des Verhaltens.

Auf dieser Einstellung fußt eine Sendung mit Jamie, die im Januar 2008 ausgestrahlt wird:

Jamie's Fowl Dinners

(Jamies Hühneressen)

Die Sendung gehört zu einer vierteiligen Reihe mit dem Namen *Hugh's Chicken Run*, die Channel 4 in Zusammenarbeit mit Hugh Fearnley-Whittingstall, einem ebenfalls sehr bekannten britischen Chefkoch und Aktivisten, entwickelt hat. Ziel dieser Reihe ist es, das Kaufverhalten der Zuschauer zu ändern. Was diese dazu brauchen, ist, laut *Hugh's Chicken Run,* lediglich die Wahrheit.

Jamies Sendung ist, ganz dem Titel nach, wie ein edles Dinner gestaltet. In einem festlich beleuchteten Saal warten die prunkvoll gedeckten Tische auf ihre Gäste. Gastgeber Jamie steht ungewohnt elegant in schwarzem Anzug, Hemd und Krawatte auf einer Bühne davor. Es wird Hühnchen geben, so viel ist klar, die Gäste wissen auch, dass sie eine Art Show erwartet. Worauf sie allerdings nicht vorbereitet sind, ist der Aperitif: Kellner bringen silberne Tabletts an jeden Tisch, mit silbernen Servierhauben bedeckt. Als die Gäste die Glocken lüften, sitzen dort auf Sägespänen die niedlichsten, flauschigsten und knallgelbesten Küken, die man sich vorstellen kann. Die Kleinen werden gestreichelt und geherzt, und Jamie ist abgemeldet, bis er seine Anwesenheit den verzauberten Gästen wieder in Erinnerung ruft: »Sie werden feststellen, dass einige der Küken heller, andere dunkler sind«, fängt er an und fordert die Gäste auf, die helleren Küken in eine vorbereitete Kiste unter ihrem Tisch zu setzen und zu ihm auf die Bühne zu bringen. Eine dunkle Ahnung, dass dies für die Küken in der Kiste unschön endet, wird zur Gewissheit, als Jamie eine Apparatur auf der Bühne enthüllt, die Abfertigungsmaschine heißt. Mithilfe dieser Maschinen werden in der modernen Geflügelindustrie die männlichen Küken, die weder zum Verzehr noch zur Eierproduktion taugen, vergast. Spricht's und setzt die piepsenden Flaumkugeln in eine durchsichtige Plastikkiste, während Spezialisten dahinter die Gaszufuhr bedienen. Es ist scheußlich. Die Küken sperren die Schnäbel auf, schnappen nach Luft, und es dauert zwei Minuten, bis alle Köpfchen auf die Seite gesunken sind. Im Gastraum fließen die ersten Tränen. Es ist der erste in einer Reihe von Momenten, in denen man sich denkt: Das kann er doch nicht machen! und einem gleich darauf einfällt: Er macht nur sichtbar, was wir wissen, aber nicht sehen wollen. Im Einspieler wird eine solche Kükenproduktionsfabrik gezeigt: Die Eier werden, nach Datum geordnet, in Brutkästen ausgebrütet, wo die Küken alle auf einmal schlüpfen. Einige Minuten nach dem Schlüpfen sitzen sie schon, flauschig und gelb, auf Förderbändern und fahren verwundert durch die Gegend. Es ist ein eigenartiger Anblick, eine so klinische, helle Fabrik mit Maschinen, jeder Menge Technik, Stahl, Chrom und Förderbändern, und obendrauf liegen keine Autoteile, sondern da sitzen diese entzückenden Osterkücken und gucken nach allen Seiten. Etwas weiter vorn warten Sortiererinnen, Kisten und die Abfertigungsmaschine.

Die toten männlichen Küken werden an Zoos und Falknereien verkauft oder zu Tierfutter verarbeitet. Schon wenig später überlegt man, ob sie nicht das glücklichere Schicksal getroffen hat. Denn die weiblichen Tiere gehen entweder zur Eierproduktion oder werden gemästet. Jamie zeigt einen Beitrag aus einer Geflügelfarm mit Legebatterie.

Die Eierlieferantinnen werden zu viert oder fünft in Drahtkäfigen gehalten, der Platz reicht nicht für die ausgemergelten und zerrupften Tiere. Die Bilder sind bekannt: endlose Reihen dieser Käfige in dunklen Hallen, die bis zu zehn Stockwerke hoch sein können. Unschöne Bilder. Jamie geht in seiner Show noch einen Schritt weiter: Er holt zwei jener Gäste auf die Bühne, die sich zuvor dazu bekannt haben, Eier aus Käfighaltung zu konsumieren. Als die beiden bei ihm sind, wird das Licht gedimmt, und er öffnet vorsichtig einen Vorhang. Dahinter wurde ein kleiner Ausschnitt einer solchen Farm nachgebaut: Links und rechts türmen sich die Drahtgestelle einige Stockwerke hoch mit den bemitleidenswerten Tieren. Jamie stellt seine beiden Gäste in diesen Gang. Es ist eine Sache, nur ein Foto solch einer Legebatterie zu sehen, die meist, um die Größe der Anlagen zu erfassen, mit etwas Abstand in Richtung Horizont fotografiert ist. Eine andere Sache ist es, den geschundenen Tieren direkt gegenüberzustehen. Die beiden auf der Bühne wenden sich ab, sie halten den Anblick nicht aus. Mit Tränen in den Augen versichern sie, diese Eier nicht mehr zu kaufen, nie mehr.[58]

Die Bodenhaltung, welche die Hühner in der EU ab 2012 erwartet, zeigt Jamie auf der Bühne ebenfalls: In einem sandkastengroßen Stall sind Sitzstange, Futter- und Tränkeeinrichtung installiert. Wie viele

---

58 Die Käfighaltung ist in Deutschland seit 2009 und innerhalb der EU seit Januar 2012 verboten. Eine andere, noch erlaubte Form heißt Kleingruppenhaltung. Das ist das Gleiche wie Käfighaltung, nur dass die Käfige etwas größer sind und sich mehr Tiere darin befinden.

Hühner wohl hineinpassen? Jamie schichtet Hühner in den Kasten, wie es die EU-Vorgabe vorsieht: Es wirkt wie eine geöffnete Sardinenbüchse mit Federn. Nach einem Jahr werden alle diese Legehühner geschlachtet. Die Brüstchen, Flügel und Schenkel werden verkauft, der Restkörper wird unter hohem Druck gepresst, gefiltert und zu einer breiigen, rötlichen Paste verarbeitet. Ausgangsmaterial für viele Lebensmittel wie zum Beispiel manche Hotdogs. Jamie präsentiert all diese Fakten sehr sachlich und professionell, nur hin und wieder lockert er die Atmosphäre etwas auf. Dies ist einer seiner seriösesten Auftritte (er sagt nur ganz selten *fuck* und *bullshit*), und es ist eine Meisterleistung von Jamie, die Zuschauer trotz aller Unerfreulichkeiten, die er präsentiert, in seinen Bann zu ziehen.

Die Küken, die nicht zu Legehennen werden, erklärt Jamie, gehen stattdessen in die Mast, ebenfalls in fragwürdiger Sardinenhaltung. Wie lange so ein Mästen dauert, bis ein Huhn geschlachtet wird, fragt er in den Saal. Sechs Monate, ist eine Schätzung, ein Jahr, eine andere. Tatsächlich sind es zwischen 32 und 38 Tagen. In dieser Zeit müssen die Hühner ihr volles Schlachtgewicht von circa 1,8 Kilo erreichen. Dies führt dazu, dass die Tiere kaum laufen können, weil die Knochen nicht so schnell mitwachsen und oft brechen. *Frankenstein-Hühner,* nennt Jamie sie. Wie das Ende dieser Hühner aussieht, zeigt er ebenfalls live auf der Bühne. Unter den Augen zweier professioneller Schlachter und mit einer frischen Schlachtlizenz ausgestattet, hängt er ein flügelschlagendes Huhn kopfüber mit den Füßen in ein Gestell. Dann hält er dem Huhn zwei Sekunden einen Elektroschocker an den Schnabel. Es zuckt kurz und ist nun betäubt. Getötet werden die Tiere durch Ausbluten, in Jamies Fall durch einen Stich mit einer Klinge in den Schlund. Als dem Huhn das Blut aus dem Schnabel tropft, herrscht Stille im Saal.

Trotz dieser schrecklichen Bilder, der vergasten Küken und der malträtierten Hühner ist diese Show keine reine Horrorshow wie manche

Filme von Tierschutzorganisationen. Es wird zwar nichts beschönigt, und die Fakten werden klar aufgezeigt, aber durch die Distanz und die Sachlichkeit, mit der Jamie all das vorstellt, kann sich der Zuschauer selbst in Ruhe seine Meinung bilden, ohne von der (verständlichen) Wut eines Tierrechtlers überrannt zu werden. Es gibt auch versöhnliche Momente in der Show: Jamie stellt Organisationen vor, die Legehennen nach ihrem Jahr in der Fabrik aufkaufen, sie an neue Besitzer vermitteln und ihnen ein würdiges Leben ermöglichen. Die Hühner kommen so das erste Mal in ihrem Leben in den zunächst etwas verwirrenden Genuss von Sonne, Gras und genügend Platz, um die Flügel auszubreiten. Jamie gibt übrigens die 150 Legebatteriehühner, die für das Programm zur Show gebracht werden, nicht zurück. Er nimmt sie alle mit zu sich nach Hause, wo sie in Freilandhaltung aufgepäppelt werden. Für die Medien ist die Sendung ein willkommener Lieferant für plakative Schlagzeilen. »Britischer Starkoch vergast Küken live auf der Bühne und exekutiert ein Huhn«, das hat natürlich was. *Skandal!*, schrien sie, wobei man sich unwillkürlich die Frage stellt, worin der Skandal nun liegt: in dem Fakt, dass unser Konsumverhalten die Haltung dieser Tiere unter grausamen Bedingungen erfordert? Oder darin, dass man erst daran Anstoß nimmt, wenn man dabei zusehen muss?

Jamie hat sich mit Sicherheit an den Schockeffekt erinnert, als er den Kindern in *School Dinners* zeigte, wie Chicken Nuggets gemacht werden. Es ist eklig, es ist unschön anzusehen, aber es wirkt. Mit dieser Show, so hofft er, kann er dazu beitragen, dass die Konsumenten auf Hühner verzichten, die im Preis günstiger sind als Hundefutter. So wie eine reizende ältere Dame, die im Interview freimütig erzählt, sie kaufe immer gleich zwei Hühner: eines für sich und eines für ihren Hund.

Jamie's Fowl Dinners Facts:

Titel: *Jamie's Fowl Dinners*

Ausstrahlung: 11. Januar 2008 auf Channel 4

Episode 2 von vier, mit dem Serientitel *Hugh's Chicken Run* von und mit Hugh Fearnley-Whittingstall

Auf Deutsch: *Jamies Geflügelhölle*

Ausstrahlung: 14. Juli 2011 auf RTL2

Von der Tierschutzorganisation RSPCA bis hin zu Bauernverbänden loben zahlreiche Organisationen die Sendung. Ihre unmittelbare Folge ist ein Anstieg von bis zu 50 % beim Verkauf freilaufender und biologisch gehaltener Hühner und Eier. Die Serie erhält außerdem den RSPCA-Preis für einen bedeutenden Beitrag zur Förderung eines Bewusstseins für artgerechte Hühnerhaltung.[59]

---

59 www.jamieoliver.com.

Wie Gunter von Hagens
zu Jamies Helfer wird

»Diese Sendung wird Sie manchmal schockieren«, sagt Jamie in die Kamera, »aber bitte bleiben Sie dran, sie kann Ihr Leben verändern.« Denn bei seiner nächsten Show setzt Jamie erneut auf den abschreckenden Effekt. Zu diesem Zeitpunkt sind schon viele Sendungen über Gesundheit, Essen und Diäten gemacht worden, aber Jamie versucht etwas Neues: Er nimmt die Zuschauer mit auf eine Reise durch den menschlichen Körper, um ihnen ganz konkret zu zeigen, was dort geschieht.

Stellvertretend für alle Briten sitzen 18 Leute in Jamies Studio, die sich alle zu Kentucky Fried Chicken, Burgern, Tiefkühlpizzas, Döner und Hotdogs bekennen. Manchen sieht man das deutlich an, anderen noch nicht so sehr. Diese 18 Menschen will Jamie über die Folgen ihrer Ernährung aufklären und überzeugen, gesünder zu essen. Und er hofft, dass die Zuschauer vor dem Fernseher es ihnen nachmachen werden. Unterstützt wird er von einer Medizinerin und einer Ernährungsberaterin – und von dem deutschen Anatomen Gunter von Hagens, der den meisten durch seine *Körperwelten*-Ausstellungen bekannt ist.

Die einstündige Show ist voller beeindruckender Darstellungen: Die Menge an Fett, die eine der 18 Teilnehmerinnen das Jahr über zu sich nimmt, wird anschaulich gemacht, und eine Animation zeigt, wie eine andere Zuseherin in 15 Monaten aussehen wird, wenn sie weiterhin jeden Tag Cola trinkt und Kartoffelchips isst. Die 18 Teilnehmer werden von Ärzten durchgecheckt, und die Zuschauer sind live dabei, als die

Ergebnisse präsentiert werden. Eine Frau erfährt von der 50-prozentigen Wahrscheinlichkeit, an Diabetes zu erkranken, eine andere bekommt erklärt, dass sie aufgrund ihrer Ernährung statistisch nur noch sieben Jahre zu leben hat. Diese 18 Menschen machen für den Zuschauer die tatsächliche Gefährdung viel besser begreifbar als reine Zahlen und Fakten. Gunter von Hagens präsentiert per Videoübertragung zwei Körperscheiben, also eine dünne Längsscheibe, aus zwei verschiedenen menschlichen Körpern: die eines normal gewichtigen Mannes und die eines pathologisch übergewichtigen Mannes. Abgesehen von den Ausmaßen ist bei dem Übergewichtigen klar das weiße Fett zu sehen: Es hat sich um jedes Organ gesetzt, ist im ganzen Körper verteilt und sogar in die Muskeln eingedrungen, die durchzogen sind von den weißen Fäden. Unbestreitbarer Höhepunkt der Sendung ist jedoch das Sezieren eines knapp 160 Kilo schweren Mannes durch Gunter von Hagens: »Ich werde Ihnen das Innere eines 160-Kilo-Mannes zeigen.«

Nur um ein passendes Bild im Kopf zu haben: Von Luciano Pavarotti sagt man, er habe 160 Kilo. Die Autopsie wird per Kamera zu Jamie und seinen 18 Gästen übertragen, wobei Gunter von Hagens in die Kamera erklärt, was er gerade tut und was ihm dabei auffällt. Der Mann auf dem Tisch war zu Lebzeiten damit einverstanden, dass sein Körper öffentlich und zu Lehrzwecken genutzt wird, das Gesicht ist verdeckt.

Es ist unschön. Ein großer, grauer Berg von einem Körper, die dunkle, fabrikhallenartige Atmosphäre des Raumes sowie von Hagens deutscher Akzent (und dieser Hut!) – all das sorgt dafür, dass man eigentlich abschalten möchte. »Tun Sie's nicht!«, bittet Jamie noch extra vor diesen Aufnahmen. Als von Hagens den Brustkorb aufklappt, ist alles voll von orangefarbenem Fett. Er sucht die Leber und findet sie schließlich auf der Höhe der Brustwarzen. Das vergrößerte Herz, das viele Fett und der große Magen haben sie nach oben gedrückt. Das Herz ist zunächst gar nicht zu sehen. »Ich weiß, es muss hier sein«, sagt von Hagens und versucht, es zu erreichen, aber das Fett umschließt das Herz von allen

Seiten. Der Mann ist an Herzversagen gestorben. Oder wie von Hagens sagt: »Er hat sich zu Tode gegessen.« Welches Element der Sendung nun für jeden Einzelnen der 18 Teilnehmer der ausschlaggebende Punkt war, wer weiß. Wichtig ist jedoch nur das Ergebnis, und das ist sehr positiv: Alle 18 Teilnehmer geloben, ihre Essgewohnheiten radikal zu ändern. Einer davon bringt es auf den Punkt: »Es geht gar nicht ums Wollen. Ich muss.«

Eat to save your life Facts:

Ausstrahlung: 16. Januar 2008 auf Channel 4

Dauer: 75 Minuten

Eine Bewegung für das ganze Land – The Ministry of Food

Bei seinen Sozial- und Aufklärungsprojekten fällt Jamie immer wieder auf, dass nicht nur die Kinder, sondern auch die Erwachsenen keine Ahnung von Kochen und Lebensmitteln haben. Und woher auch? Aus den englischen Schulen ist der Hauswirtschaftsunterricht längst verbannt, und schon in den 50er-Jahren begann eine fortschreitende Entwicklung, in der Frauen zunehmend berufstätig wurden und nicht mehr nur am Herd standen. Die Nachfrage nach schnellen, bequemen Mahlzeiten stieg an, und die Industrie stellte sich darauf ein: Die Tiefkühlkost wurde geboren. Mahlzeiten konnten vorgefertigt, tiefgekühlt und portioniert in die Haushalte geliefert werden. Die Erfindung der Mikrowelle wirkte wie der Gipfel des modernen Zeitalters. Der Anteil an Fett, Zucker und Salz in den Mahlzeiten stieg an und mit ihm das britische Durchschnittsgewicht. Die Verlagerung der Essenszubereitung von den heimischen Küchen in die Fabriken, Imbissketten und Lieferservices hat zur Folge, dass die nächste Generation von Kindern und Jugendlichen nicht lernt, wann welches Gemüse Saison hat, wie man einen Eintopf zubereitet oder wie frisches Obst schmeckt. Und diese Generation zieht nun die nächste, ebenso ahnungslose heran.

Jamie hat schon viel erreicht. Er war maßgeblich daran beteiligt, dass Kochen nicht mehr als rückständig und uncool gilt, er hat viel Aufklärungsarbeit geleistet und für eine vernünftige Ernährung der Schulkinder gekämpft. Wenn er das Wissen und die Freude am Kochen wieder zurück in die privaten Haushalte bringen könnte, würde er das Problem an seiner Wurzel packen. Man müsste dazu aber die breite Masse ansprechen, nicht nur eingefleischte Jamie-Fans.

Sein Plan, alle Bürger des Landes zu erreichen und ihnen etwas über Kochen und Lebensmittel beizubringen, erinnert an eine staatliche Initiative, welche die britische Regierung nach dem Zweiten Weltkrieg ins Leben gerufen hatte: das *Ministry of Food*. Dabei wurden Leute durch das ganze Land geschickt, die der Bevölkerung halfen, anhand von geeigneten Rezepten mit den rationierten Lebensmitteln über die Runden zu kommen. Die Rezepte wurden dabei wie in einem Schneeballsystem weitergegeben.

Das System hat sich bewährt und ist mehr als geeignet für die neue Aufgabe, nämlich den Bürgern zu zeigen, wie man frische Zutaten in Mahlzeiten verwandet, und zwar:
– dann, wenn sie Saison haben und daher:
– billig sind.

Mit der Unterstützung des NHS (National Health Service) und der Gemeinden vor Ort startet Jamie das landesweite Projekt *Jamie's Ministry of Food*. Sein Plan ist es, eine Stadt herauszupicken, die den Stein ins Rollen bringen soll. Dort wird er vor Ort vormachen, wie es funktionieren kann – in der Hoffnung, dass andere Städte im ganzen Land nachziehen und dem Beispiel folgen. Um das Ganze schnell bekannt zu machen, soll eine vierteilige Fernsehserie daraus werden. Doch wo beginnen? Jamie sucht sich für den Start seines Kampfes eine Stadt aus, die es ihm mit Sicherheit nicht leicht machen wird: Rotherham. In Rotherham stößt überdurchschnittlich hohe Arbeitslosigkeit auf unterdurchschnittlich niedrige Löhne und beides auf eine beeindruckende Anzahl von Takeaways und Lieferservices. Jene Mutter, die den Kindern während der *School-Dinners*-Kampagne in den Pausen Burger durch den Zaun reichte, heißt Julie Critchlow und kommt aus Rotherham. Jamie wählt genau diese Stadt aus, weil er mit Widerstand

rechnet. Und so ein bisschen Konflikt und Drama ist für die Einschaltquoten nicht schlecht.

Wir wissen bereits, dass es schwer ist, Jamie zu widerstehen. Julie
Critchlow verfällt ihm in Minuten (nachdem sich Jamie dafür entschuldigt hat, sie damals »eine alte Kratzbürste« genannt zu haben). Es sei
ihr damals ja gar nicht um die Burger gegangen, sondern sie sei sauer
gewesen, dass man ihnen Vorschriften machte – eine Kämpferin für die
Freiheit der Wahl. Wie immer, wenn jemand Jamie zunächst ablehnend
gegenübersteht und dann zu seinem Mitkämpfer wird, ist es eine Freude, Julie an seiner Seite zu sehen, »um das Essen, Leben und Einkaufen in Rotherham komplett zu verändern«. Außerdem ist es natürlich
schlau, eine lokale Sympathieträgerin an der Seite zu haben.

Für viele überschreitet Jamie mit diesem Projekt die Grenze vom Auf-
klärer zum nervigen Gutmenschen.

»Es ist leicht zu sagen, du kannst den Leuten nicht vorschreiben,
was sie zu tun haben, wenn dies zugleich der einzige Weg vorwärts ist«,
rechtfertigt sich Jamie[60] und schert sich wie immer nicht darum, was
andere sagen.

Zunächst gibt er eine Anzeige in der Lokalzeitung auf und bietet Gra-
tiskochstunden an. Sie sind speziell für Leute gedacht, die überhaupt nicht
kochen können. Mit ihnen will er zehn Rezepte nachkochen, die sie dann
wiederum selbst weitergeben sollen. So soll nach und nach die ganze Stadt
in das Projekt involviert werden. Alleinerziehende Mütter, überarbeitete
Eltern, ein paar Junggesellen und ein älterer Herr nehmen das Angebot
gerne an. Dabei lernen die Zuseher Natasha, eine 22-jährige alleinerziehende Mutter, kennen. Sie lebt von der staatlichen Unterstützung, hat
zwei Kinder und in ihrem Leben noch kein einziges Gericht zubereitet.
Wahnsinn, denkt man da vielleicht, aber dann sieht man ihre fünfjähri-
ge Tochter Kaya und erkennt erst das ganze Ausmaß des Schlamassels:

---

60 http://www.guardian.co.uk/lifeandstyle/2010/oct/11/jamie-oliver-chef-school-dinners.

Kaya mussten schon zwei kaputte Zähne gezogen werden. Die Mutter zeigt dem Kamerateam bereitwillig ihren Kühlschrankinhalt: Ein ganzes Schubfach ist voller Schokoriegel. Wovon sie sich hauptsächlich ernähren, will Jamie wissen. »Kebab!«, erklärt Kaya, deren Lieblingsessen es zugleich ist. Woraus das gemacht werde, fragt Jamie. »Pflanzen«, antwortet Kaya. Die isst sie mit ihrer zweijährigen Schwester auf dem Boden und mit den Fingern: Es gibt weder einen Esstisch noch Besteck bei Natasha.

Eine andere Mutter, Claire, hat noch nie gesehen, wie Wasser kocht, und ernährt sich von zehn Packungen Kartoffelchips am Tag, ihre Familie von Fast Food. Entsetzt? Jamie auch. Er zeigt jedoch nicht mit dem Zeigefinder auf Natasha, auf Claire oder auf sonst irgendeinen Bürger von Rotherham, sondern ist schlicht »*fucking angry*« über den Stand der Dinge in Rotherham, den er einen landesweiten Skandal nennt. Es ist relativ einfach: Wer Geld hat, genießt eine bessere Bildung, ernährt sich vernünftiger und lebt länger. Die Natashas und Claires nicht. Laut einer Studie der WHO (World Health Organisation) hat ein Kind, das in einem der ärmeren Vorstadtviertel von Glasgow geboren ist, eine um 28 Jahre geringere Lebenserwartung als ein Kind aus einem besseren, nur 13 Kilometer entfernten Viertel.[61]

Jamie will denen eine Chance geben, die bis jetzt keine hatten, und er legt sich mächtig ins Zeug.

Das System, Rezepte im Schneeballsystem weiterzugeben, nennt er »Pass it on« (Reich es weiter). In der Pause eines lokalen Fußballspiels wirbt er im Stadion um Schüler – es kommen 98. Gut, von insgesamt 5000 Anwesenden, aber immerhin. Er zeigt jeweils zwei Männern die Zubereitung eines Gerichts. Sie sollen es dann ebenfalls jeweils zwei weiteren Leuten beibringen und so weiter. Er kann mehrere große Firmen überzeugen, bei seinem *Workplace Pass it on* mitzumachen. So können an einem einzigen Tag tausend Leute ein neues, simples Gericht

---

61 http://www.guardian.co.uk/lifeandstyle/2008/oct/01/foodanddrink.oliver.

Eine Bewegung für das ganze Land – The Ministry of Food

erlernen. Er organisiert Kochunterricht im kleinen Kreis, wobei einer seiner Schüler einer kleinen Gruppe jeweils ein einziges Gericht erklärt. Dies soll Firmen und Organisationen als Modell dienen, wie man solche kleinen Unterrichtseinheiten in die Mittagspause integrieren kann. In Zusammenarbeit mit seinen Schülern organisiert Jamie Nachbarschaftsfeste, bei denen mit den Nachbarn Rezepte getauscht werden. Er eröffnet eine *Ministry-of-Food*-Hauptzentrale in der Innenstadt, wo es kostenlos Kochvorführungen und Rezepte gibt, in der Hoffnung, dass die Stadt sich von dem Konzept überzeugen lässt und es fördert. Er organisiert ein *Food Festival*, zu dem er benachbarte Gemeinden einlädt, um ihnen zu zeigen, was in Rotherham auf die Beine gestellt wurde, und sie zu animieren, es ihnen gleichzutun.

Alle Aktionen sind darauf ausgerichtet, später ohne Jamie weiterzulaufen, sobald er und die Kameras sich zurückziehen. Sie müssen außerdem übertragbar und leicht umzusetzen sein.

Jamies Plan geht auf: Rotherham übernimmt die *Ministry-of-Food*-Zentrale und führt sie bis heute weiter. Außerdem ist eine Zusammenarbeit mit den örtlichen Schulen, Wohlfahrtsorganisationen und interessierten Verbänden entstanden, wo regelmäßig Kochunterricht stattfindet. An Wochenenden gibt es öffentliche Veranstaltungen, die ebenfalls gut besucht sind. Es existieren inzwischen sechs *Ministry-of-Food*-Zentralen, in Bradford, Leeds, North-East, Rotherham, Stratford und Alnwick.

Eine eigene Website ist entstanden, voll einfacher, kostenloser Rezepte zum Nachkochen:
http://www.jamieoliver.com/jamies-ministry-of-food.

Und die Serie erhielt einen Preis für die *Beste Aufklärungsserie* im britischen Fernsehen.

Natasha wird übrigens eine der eifrigsten Schülerinnen von Jamie. Sie betreibt inzwischen einen eigenen kleinen Gemüsegarten hinter dem Haus und hat so viel Spaß am Kochen gefunden, dass Jamie ihr einen Platz an der lokalen Cateringschule besorgte.

Jamie Oliver

Ministry of Food Facts:

1 Staffel, 4 Episoden

Erstausstrahlung: 30. September 2008 (UK) auf Channel 4

Titel: *Jamie's Ministry of Food: Anyone Can Learn to Cook in 24 Hours*, Oktober 2008, ISBN-10: 0718148622

Deutscher Titel: *Jamies Kochschule. Jeder kann kochen*, November 2008, ISBN-10: 3831013225

Das Kochbuch zur Serie ist, ganz im Sinne des Konzepts, eine ideale Anleitung für Leute, die bis jetzt lediglich den Kühlschrank in ihrer Küche genutzt haben. Es ist voller leicht verständlicher Rezepte, Schritt-für-Schritt-Bilder und Erklärungen und verhilft auch absoluten Kochneulingen zu Erfolgserlebnissen. Ein ideales Einsteigerbuch.

Ministry of Food wird im Herbst 2008 ausgestrahlt, und als es so weit ist, ist Jamie schon längst mit neuen Projekten beschäftigt. (Und dazu zählt noch nicht einmal die dritte Schwangerschaft von Jools, die inzwischen deutlich sichtbar ist.) Zum einen wird das erste *Jamie's Italian* eröffnet, zum anderen bringt Jamie die Marke *JME* und den dazugehörigen Onlineshop auf den Markt, wo man von Antipasti bis Kerzenhalter, Seife und Olivenöl alles kaufen kann, was das Herz begehrt. Unter Umständen auch Dinge, von denen das Herz zuvor gar nicht wusste, dass es sie begehrt. Der *JME Shop* gewinnt stante pede eine schier unübersichtliche Anzahl von Preisen für Design, Verpackungsdesign, alle möglichen Produkte und Lebensmittel.[62] Außer im Onlineshop funktioniert der Vertrieb, ähnlich wie bei Tupperpartys, über den Heimverkauf.

---

62 Wenn Sie das näher interessiert: http://www.jamieoliver.com/jme/. Die Food range ist eventuell noch nicht verfügbar.

Ende des Jahres kommt auch Jamies Zeitschrift heraus, die alle zwei Monate in England erscheinen wird: mit Rezepten, Infos, Wettbewerben, Saisontipps und vielem mehr. Jamie hat zu diesem Zeitpunkt geschätzte 5000 Angestellte.

Ran an den Speck

Es hat den Anschein, dass Jamie im Laufe der Entwicklung eines neuen Projekts stets eine ganze Handvoll an Möglichkeiten einfällt, was man noch alles anstellen könnte. Nach dem Erfolg der Sendung über die Hühner folgt nun: *Jamie Saves Our Bacon* (Jamie rettet unseren Speck). Die Werbung für den Film ist hinreißend: Jamie zeigt sich wieder ganz edel im dunklen Anzug mit einem kleinen Ferkelchen auf dem Arm (das genauso blaue Augen hat wie er). Doch genauso gnadenlos wie schon mit den Küken und den Hühnern geht es mit den Schweinchen weiter. Vielleicht weil Schweine Säugetiere sind, weil sie so niedliche Gesichter haben oder weil man weiß, wie intelligent die Tiere sind, fällt es diesmal noch schwerer hinzusehen. Rosa Ferkelchen, denen der Ringelschwanz abgeschnitten wird, die quietschend in Metallgestelle gezwängt werden, damit sie ohne Betäubung kastriert werden können, und denen mit einer Zange die Zähne abgezwickt werden – es ist nahezu unerträglich.

Sinn und Zweck der Sendung ist jedoch nicht, den Zuschauern den Genuss von Schweinefleisch zu vergällen, im Gegenteil: Jamie beklagt, dass die Zahl britischer Schweinefarmen immer mehr abnimmt, genauer gesagt, hat sie sich in den letzten zehn Jahren halbiert. Das liegt daran, dass immer mehr Schweinefleisch aus dem Ausland importiert wird – dort ist es nämlich viel billiger. Wo der Verbraucher seine Groschen spart, zahlen die Tiere jedoch drauf: Das Fleisch ist im Ausland unter anderem deswegen so billig, weil dort die Tierschutzbestimmungen viel niedriger sind. Jamie zeigt die Konsequenzen für die Tiere und fordert dazu auf, britisches Schweinefleisch zu kaufen, »*to save our bacon*«. Und das gilt nicht nur für die privaten Haushalte: Selbst die Metropolitan Police und das britische Oberhaus beziehen ihr Schweinefleisch aus dem Ausland. Ob es die Schweine in England wirklich so gut haben, bezweifeln Tierschutzorganisationen, die heimlich in verschiedenen alteingesessenen britischen Zuchtbetrieben filmen. Auch hier zu sehen: verendete und verletzte Tiere sowie »Saukäfige«, eine Art Metallkäfig, der exakt so groß ist wie das Schwein selbst und ihm nur erlaubt, sich abzulegen oder aufzustehen. Durch Metallstäbe an der Seite kommen die Ferkel an die Zitzen zum Saugen.

Wahr ist aber auch, dass 40 Prozent der britischen Zuchtsauen in Freilandhaltung gehalten werden, im Gegensatz zu dem einen Prozent in Deutschland oder den Niederlanden. Auf eine Einstreu aus Stroh müssen in Deutschland 89 Prozent der Tiere verzichten, in England sind es 36 Prozent (und in Spanien 100).[63] Die Sendung wird am 29. Januar 2009 auf Channel 4 ausgestrahlt, und egal, wem man nun mehr glaubt, *Freilandhaltung* wird für die Verbraucher ein immer wichtigeres Kriterium.

Jamie saves our bacon Facts:

Episoden: 1
Dauer: 60 Minuten
Erstausstrahlung: 29. Januar 2009 (UK) auf Channel 4

---

63 http://www.guardian.co.uk/lifeandstyle/wordofmouth/2009/jan/30/jamie-oliver-saves-our-bacon.

Der ganz andere Laden

Vermutlich während der Arbeit für das *Ministry of Food* fielen Jamie zwei Dinge auf:

– Das Schlechte an den Take-away-Mahlzeiten, die viele seiner Rotherhamer Bürger so eifrig verzehrten, war nicht der Umstand, dass es sich um vorgekochtes Essen handelte oder dass es zum Mitnehmen war. Das Ungesunde lag lediglich in der Qualität des Essens bzw. der Zutaten. Es spricht nichts dagegen, zu Hause nur eine Flasche Wein zu öffnen und ein erstklassiges Fertigessen zu genießen. Es gibt nur eben keine »Sterne-Take-aways«.

– Die Kochstunden, die Jamie in Rotherham über das *Ministry-of-Food-*Zentrum anbot, erfreuten sich rege wachsenden Zulaufs. Teilweise waren die Kurse Wochen im Voraus ausgebucht. Dabei wurde deutlich, dass nicht nur diejenigen das Angebot annahmen, die noch nie einen Kochlöffel in der Hand gehabt hatten und für die das Konzept entworfen worden war.

Aus diesen Beobachtungen und Überlegungen entsteht ein Angebot, das beide Wünsche erfüllen kann: *Recipease*, eine Kette hübscher, bonbonfarbener Läden mit Kochzeilen für die Kochstunden, allen möglichen schönen Sachen aus Jamies Shop, einem Café (mit einem fantastischen Frühstück) und einer großen Auswahl an Gerichten zum

Mitnehmen. Natürlich aus den besten und frischesten Zutaten, Fleisch aus Freilandhaltung, Pflanzen aus ökologischem Anbau und: live vor Ort zum Zugucken zubereitet. In den Kochstunden kann man lernen, selbst gemachte Pasta zu füllen, Fisch zu filetieren, das perfekte Risotto zu kochen und vieles mehr: www.jamieoliver.com/recipease.

Die Filialen befinden sich in London und Brighton, und wer in der Nähe ist, sollte unbedingt vorbeischauen.

Die erste Filiale öffnete im Februar 2009 in Chapham Junction und verdiente sich unanständig viele Preise:

– *Retail Interior Awards for The Land Securities Best UK Retail Interior*
– *Best Visual Merchandising Solution*
– *Best small shop, & The NAS shop fitting excellence award highly commended*
– *Global beverage design awards for Best food packaging*
– *Best brand identity & Best in class*
– *Benchmark best in brand communication awards for Retailer food packaging award The 2009 FAB Award & FABulous Award*
– *...*

Zwei weitere Filialen in Notting Hill und Brighton folgen.

Im Hause Oliver steigt derweil die Spannung, wann sich Kind Nummer drei wohl auf den Weg machen wird. Der errechnete Geburtstermin, der 2. April 2009, ist nämlich just der Tag, an dem Jamie die große Ehre zuteil wird, in 10 Downing Street für die Vertreter des G20-Gipfels zu kochen. Nun kann man sagen, dass Jamie sich in der Küche des Premierministers ja schon ganz gut auskennt, was eine gewisse Routiniertheit impliziert, aber Jamie ist, wenn nicht nervös, so doch zumindest beeindruckt: «Es ist immer eine große Ehre, in 10 Downing Street zu kochen. Aber die Einladung, für so eine wichtige Gruppe von Leuten zu kochen, die versuchen, einige der größten Probleme dieser Welt zu lösen, das ist wirklich ein Privileg.«

Ein weiterer ungünstiger Umstand des *Geburt-versus-G20-Konfliktes* ist eine der Sicherheitsvorschriften, die in 10 Downing Street zu befolgen sind: Jamie darf sein Handy nicht mitnehmen. (Das würde Jools Oliver vermutlich zur einzigen Frau in ganz England machen, die beim Einsetzen ihrer Wehen im Haus des Premiers anrufen würde.)

Das Essen ist ein saisonales Menü, das die britische Küche repräsentieren soll. Zur Unterstützung nimmt Jamie einige seiner Köche aus dem *Fifteen*-Restaurant mit, ein Zeichen, wie sehr ihm das Projekt am Herzen liegt. Und natürlich auch, um es wieder ein wenig mehr in das Licht der Öffentlichkeit zu rücken. Es läuft gut, das Menü gelingt bestens, und 24 Stunden später kommt Petal Blossom Rainbow Oliver auf die Welt. Jools hat einen Namen ausgesucht, der zu denen ihrer Schwestern passt, Petal Blossom heißt Blütenblatt.

Mit der Ankunft von Tochter Nummer drei wird es für die Familie in ihrem Haus im Londoner Nobelviertel Primrose Hill zu eng. 2004 sind sie hier eingezogen, nachdem sie in ihrem Haus in Hampstead regelmäßig zu nachtschlafender Zeit von Betrunkenen geweckt wurden, die aus der Kneipe nebenan torkelten – und Bestellungen in Richtung Jamie Olivers Schlafzimmer brüllten.

Das Haus in Primrose Hill, das stolze 4,5 Millionen Euro gekostet hat, wird nun erweitert. Das Glück oder der Zufall will, dass das Haus nebenan zu verkaufen ist. Die Häuser sind Reihenhäuser, eine leicht irreleitende Bezeichnung für zwei mehrere Millionen teure Immobilien. Die Verschmelzung der beiden Häuser ergibt eine kanariengelbe 19-Zimmer-Villa mit einer gigantischen Eingangshalle und einer riesigen Küche inklusive einem zwei Tonnen schweren Ofen des französischen Herstellers Rorgue. Dieser Ofen allein kostet über 70.000 Euro. Die Kosten des gesamten Umbaus kalkulieren die Olivers mit über 600.000 Euro. Viel Geld, sicherlich, aber Jamie kann es sich leisten:

Sein Vermögen wird 2009 auf über 50 Millionen Euro geschätzt, eine Zahl, die bis 2012 auf sage und schreibe unvorstellbare 191.527.509,54 Euro anwächst.[64] Faiererweise soll nicht unerwähnt bleiben, dass Jamie auch ein großer Wohltäter ist. Mit knapp 3,5 Millionen Euro an Spenden steht er auf Platz 22 in der *Giving List* der *Times*.

---

64 http://www.dailymail.co.uk/tvshowbiz/article-1207533/How-like-new-house-girls-Jamie-Oliver-takes-growing-family-visit-7-5m-super-home.html#ixzz239cEbmJ8.

Auf nach Amerika

2009 verbringt Jamie viel Zeit in Amerika. Zunächst, um eine neue Serie zu drehen, die er *Jamie's American Road Trip* nennt. Ähnlich wie auf seiner Italienreise ist Jamie quer durch das Land unterwegs und sucht die einfache, authentische Küche beziehungsweise einen bunten Strauß aus den vielen verschiedenen Kochstilen, die das Land zu bieten hat.

In **Los Angeles** besucht er eine mexikanische Fiesta, schließlich war L. A. bis Mitte des 19. Jahrhunderts eine mexikanische Gemeinde. *El Pueblo de la Reina de Los Ángeles* (Das Dorf der Königin der Engel) hieß die Stadt zu dieser Zeit. Inzwischen leben hier Menschen aus 140 Ländern, und es werden über 200 Sprachen gezählt, wobei die Latinos einen Anteil von 46,5 Prozent an der Gesamtbevölkerung ausmachen. Hochrechnungen zufolge werden in wenigen Jahren mehr Einwohner von Los Angeles Spanisch sprechen als Englisch. Die Fiesta, in die sich Jamie binnen Minuten integriert, ist die einer mexikanischen Großfamilie. Gefeiert wird der Geburtstag von Marias Schwiegertochter, und in keinem Beitrag während all der Jahre hat man Jamie so wenig kochen und dafür so viel tanzen sehen.

In einem der Viertel, die man besser nicht betreten sollte, wenn man an seinem Leben hängt, darf Jamie Reno zu Hause besuchen. Reno ist ein ehemaliger Krimineller, Gangmitglied und Drogendealer, der es innerhalb von sieben Jahren geschafft hat, zu einem angestellten Koch im *Four Seasons Hotel* zu werden. Es ist der Gedenktag für seinen Onkel, ein Mitglied der *Ghost Town Bloods*, der seine Mitgliedschaft in der Gang mit dem Leben bezahlt hat. Ein paar Kumpels sind noch da, alle in roter Kluft gekleidet, und Jamie ist – nervös. Zur Feier des Tages wird gekocht, Chicken Enchiladas. Reno zeigt Jamie, wie er sie zubereitet. Wie gut Jamie mit Menschen kann, sehen wir, als Reno anfängt, von seinem verstorbenen Onkel zu erzählen. Nach wenigen Sätzen muss sich der Exgangster räuspern, er schluckt, und ihm bleibt die Stimme weg. Jamie und er schweigen, bis Reno plötzlich laut sagt: »So, und jetzt nehmen wir die Enchiladas …«, woraufhin beide im gleichen Moment laut herausprusten und einander auf die Schultern klopfen. So viel Emotionen und das Überspielen selbiger macht die stärksten Männer schwach.

Wyoming ist der bevölkerungsärmste Bundesstaat der USA und das, was man gemeinhin als den Wilden Westen bezeichnet. Dort lernt Jamie eine Handvoll Cowboys kennen und sieht sich die Eröffnung der Rodeosaison an. Er ist auch bei der alten Tradition des *Heugabel-Fondues* dabei. Vor Cassie's Bar, gegenüber der Arena, hängen die Männer gusseiserne Kessel über ein Feuer und füllen sie mit Schweinefett. Wenn das Fett kocht, werden dicke Rindersteaks auf Heugabeln gespießt und kurz darin gebraten. »Kurz« heißt in diesem Fall, dass die Steaks noch roh sind, mit einer leichten Kruste überzogen. Das Fleisch wird aufgeschnitten und ungewürzt und mit den Fingern gegessen. Ein Traum aller Männer. Zumindest derer, die nicht Vegetarier sind: offenes Feuer und große Brocken von kurz gebratenem Rindfleisch. Sie müssen noch nicht mal die Ellenbogen vom Tisch nehmen, es gibt nämlich keinen. Jamie ist begeistert.

In den grünen Hügeln der Rocky Mountains trifft Jamie auf den Rancher Hip mit seiner Rinderherde. Hip spannt Jamie ein, ihm beim Kälberringen zu helfen. Dabei werden die Kälber von einem oder zwei Cowboys niedergerungen, bekommen eine Impfung, ihr Brandzeichen – das Einzige, was vor Viehdiebstahl schützt – und werden zippzapp kastriert – das Einzige, was vor Inzucht schützt. Abends, als Hip und Jamie zusammen in einer Hütte kochen, gibt es folgerichtig frittierte Kalbshoden. Rocky-Mountain-Austern werden sie auch genannt, und nach anfänglichen Bedenken – »Ich fasse es nicht, dass ich die Eier von jemand anderem esse« – muss Jamie zugeben, dass sie recht vorzüglich schmecken. Irgendwie nach Shrimps.

Falls Jamie vor seiner Reise nach Wyoming irgendwelche Cowboyfantasien hegte, so werden sie definitiv alle erfüllt. Die Eingewöhnungsphase in Cowboystiefel, Cowboyhut, Leder-Chaps, silberne Gürtelschnalle und Stockmann-Mantel dauert nicht mal einen Tag. »Es ist ganz von alleine passiert«, beteuert Jamie und führt seinen leicht federnden John-Wayne-Gang vor, den er jetzt draufhat. Ein echter Jungstraum. Er darf sogar aufs Pferd und mit den anderen die Rinder zusammentreiben. Am Abend gibt es Steak, am Stecken über dem Lagefeuer gegrillt. Wenn Jamie *back to the roots* wollte, dann ist er dort definitiv angekommen. Was ihn vor allem fasziniert, ist die Zubereitung des roten Fleisches nur durch die Zuhilfenahme von Holz und Rauch. Und Jamie wäre nicht Jamie, wenn er diese Faszination nicht in ein Projekt verwandeln würde …

In **New York** war Jamie schon ein paarmal, allerdings immer in Spitzenhotels, und gegessen hat er stets nur in Manhattan. »Das macht einen automatisch zum Touristen«, findet er. Diesmal ist alles anders. Er mietet ein Apartment in einem klassischen Einwandererviertel, in Astoria. Niederländer und Deutsche siedelten sich als Erste hier an, gefolgt von Iren, Italienern, Juden, Griechen, Libanesen, Ägyptern, Syrern, Jemeniten, Tunesiern, Marokkanern und Algeriern sowie Brasilianern und Südamerikanern. Viele von ihnen eröffneten Restaurants, Bäckereien und Pizzerien. Für einen Koch, der auf der Suche nach Geschmäckern, Gerichten und Zubereitungsarten aus aller Welt ist, ist dies der perfekte Ort. Eine halbe Stunde Fahrt mit der Subway dauert es, bis Jamie in

»seinem« Viertel angekommen ist. Ein Pärchen in der Subwaystation begrüßt ihn mit: »Hi Jamie!« – »Hi guys!«, antwortet er.

Ali, ein ägyptischer Koch, lässt Jamie einige Spezialitäten aus seiner Heimat probieren, und die Intensität und Bandbreite der orientalischen Gewürze zaubern ebenso viele Mienen der Verwunderung in sein Gesicht. »Ah! Oooh!«, ruft er die ganze Zeit, und der Geschmack eines Tees lässt ihn komplett erstarren: Mit vier Jahren bekam er diesen Geschmack das letzte Mal zu probieren! Mit Ali geht er zum Schlachter und kann es nicht glauben, dass sich gerade mal 1,5 Kilometer vom Empire State Building und nur Straßen entfernt von der Gegend, in der er schon flanierte, ein Schlachthaus mit lebenden Hühnern und Gänsen befindet. In einer Ecke hängen eine Ziege und ein Lamm (gehäutet), und davor stehen die Ställe mit den Kaninchen (lebend). Dies ist ein ganz anderes New York, als Jamie es kennt, und es wird immer faszinierender: Er hat einen Hinweis bekommen, wo sich ein illegales Restaurant befinden soll. Die Spur führt zu einem einfachen Haus, dessen abenteuerliche Elektroinstallation aussieht, als hätte ein Riese mehrere Kilometer Kabel um das Haus gewickelt. Jamie klopft an der Hintertür und wird eingelassen. Durch die Küche, in der die Hälfte der peruanischen Familie des Hauses kocht, geht es in den Speiseraum, das ehemalige Wohnzimmer. Ausgestattet mit Tischen, Stühlen und Papiertischdecken, bietet es Platz für 20 bis 30 Leute, und es ist gut besucht.

»Woher wissen Sie von dem Restaurant?«, fragt Jamie seine Tischnachbarin. »Mund-zu-Mund-Propaganda«, antwortet sie, einige der Anwesenden nicken. Das Essen, das Jamie vorgesetzt wird, ein klassisches peruanisches Gericht mit viel frischem Fisch, lässt ihn strahlen. »Exzellent«, ist sein Urteil. Er, der Restaurantkettenbesitzer, ist begeistert von dem illegalen Betrieb. Es gibt keine schicken Speisekarten, keine Servietten, Logos oder sonst was, um die Gäste zu beeindrucken. Hier geht es lediglich um das Essen. Frisches, gutes Essen zu einem guten Preis – genau Jamies Kragenweite.

Er läuft staunend durch Chinatown, schmuggelt sich in die Küchen, probiert die schärfsten Suppen und die frischesten Wan Tans und fühlt sich wie ein Kind, das drei Stunden durch einen Spielzeugladen stromern darf.

Tiefen Eindruck hinterlässt auch ein kolumbianischer Schulbusfahrer aus Queens, der zusammen mit seiner Mutter Abend für Abend für knapp 80 illegale, obdachlose Immigranten kocht. Er nimmt Jamie mit auf seine allabendliche Tour, und gemeinsam verteilen sie die Mahlzeiten, die für viele die einzige des Tages ist. Die meisten sind in der Hoffnung auf Arbeit und ein besseres Leben über die Grenze gekommen, sie wollen ihren Familien ein besseres Leben bieten, eine Chance. Für die, die wenig Glück haben, ist der Reis-Mann, wie sie den Kolumbianer nennen, oft die letzte Hoffnung – und er wird sie niemals enttäuschen. Jamie ist sichtlich bewegt von dem Mitgefühl, das der Reis-Mann den Leuten entgegenbringt. »Wir haben es alle in uns, wenn wir es uns erlauben.« Er denkt an seine 15 Jugendlichen, als er sagt: »Wenn du einmal angebissen hast, bleibst du dabei.« Seit er die Verantwortung für die ersten 15 Jungköche übernommen hat, hat sie ihn auch nie wieder losgelassen.

Seine Reise durch das wirkliche Amerika und vor allem seine Begegnungen mit Immigranten aus den verschiedensten Kulturen verändern Jamie und seine Meinung über sie. Die Konfrontation mit den Schicksalen der Menschen ermöglicht dem britischen Starkoch einen anderen Blickwinkel. In einem sehr intimen Moment dreht er sich von der Kamera weg, blickt aus dem Fenster und bekennt: Seine Großväter waren irgendwie schon ziemliche Rassisten.

Jamie geht noch in **Lousiana** auf Alligatorjagd und hilft, ein Restaurant nach einem Hurrikan wieder aufzubauen, er nimmt in **Florida** an einem Massengrillen teil und lernt in einem **Reservat der Navajo** deren traditionelle Gerichte und Kultur kennen. Es ist eine Serie nicht nur über das Kochen, sondern eine interessante Reportage über das wahre Amerika mit allen seinen Facetten, Kulturen und vor allem aber: Gerichten.

Jamie's American Road Trip Facts:

1 Staffel, 6 Episoden

Erstausstrahlung: 1. September 2009 (UK) auf Channel 4

Deutscher Titel: *Jamies Amerika*

Erstausstrahlung: 27. Januar 2011 auf RTL Living

Episoden:

1. New York
2. Louisiana
3. Los Angeles
4. Arizona
5. Georgia und Florida
6. Wyoming

Das begleitende Kochbuch, *Jamie's America (Jamies Amerika)*, wird zu seinem zehnten Bestseller.

Begleitendes Kochbuch: *Jamie's America* (2009) ISBN-10: 0718154762
Deutscher Titel: *Jamies Amerika 2009*, ISBN-10: 3831015562

In diesem Jahr wird Jamie vom *Observer Food Monthly* zur *Food Personality des Jahres* gewählt.

Jamie unterwegs

Die Touren durch Italien und Amerika haben Jamie auf den Geschmack gebracht, weitere kulinarische Entdeckungsreisen zu unternehmen. Wie jedes Mal, wenn ein Konzept geglückt ist, versucht er, es weiterzuentwickeln. *Jamie Does ...* ist die logische Folge aus den Erlebnissen, und sie macht Jamie (und den Zuschauern) großen Spaß. Als Aufhänger sucht er sechs Reiseziele aus, die von London aus schnell mit einer Billig-Airline angeflogen werden können. Jedes dieser Reiseziele ist der Inhalt für eine Episode. Wie schon zuvor in Amerika macht Jamie einen großen Bogen um touristische Sehenswürdigkeiten und sucht stattdessen den wahren Charakter der Städte sowie die traditionellen, klassischen Gerichte, die er sich jeweils von den Menschen vor Ort zeigen lässt. Von den Straßenküchen Marrakeschs zur Paella in Andalusien über Schweden mit seinem Graved Lachs und den Rentierherzen geht es nach Venedig mit Spaghetti Vongole und Tiramisu und in die französischen Pyrenänen, wo Jamie mit Schweinen nach Trüffeln sucht, und endet in Athen, bei Kebab und Souvlaki.

Die Serie und auch das Kochbuch, das dazu auf den Markt kommt, sind ebenso sehr Auslöser wie Heilmittel gegen Fernweh. Die 360 Seiten sind nicht einmal zur Hälfte gefüllt, der Rest sind traumhaft schöne Aufnahmen des Fotografen David Loftus.

Jamie Oliver

Jamie Does ... Facts:

1 Staffel, 6 Episoden

Erstausstrahlung: 14. April 2010 (UK) auf Channel 4

Deutscher Titel: *Jamie unterwegs – Geniale Rezepte gegen Fernweh*

Erstausstrahlung: 7. April 2011 auf RTL Living

1.   ... in Marrakesch
2.   ... in Andalusien
3.   ... in Stockholm
4.   ... in Venedig
5.   ... in den französischen Pyrenäen
6.   ... in Athen

Begleitendes Kochbuch: *Jamie Does ...*, 15. April 2010, ISBN-10: 0718156145

Deutscher Titel: *Jamie unterwegs – Geniale Rezepte gegen Fernweh.*
18. Januar 2011, ISBN-10: 3831018456

Amerika macht es Jamie nicht leicht

Der Hauptgrund dafür, dass Jamie 2009 viel Zeit in Amerika verbringt, ist sein neues Projekt *Food Revolution*. Der größte amerikanische Fernsehsender, ABC, hat Jamie eine Sendung zur besten Sendezeit angeboten. Es soll ein Programm über Ernährung und Politik werden, etwas, das es in Amerika so noch nie gegeben hat. Jamies Idee ist, das *Ministry of Food* auch in Amerika zu etablieren und wieder der Bevölkerung einer Stadt exemplarisch dabei zu helfen, gesünder zu leben. Obendrein könnte er seine Erfahrungen aus *School Dinners* nutzen und versuchen, die Schulkantinen von einem Umstieg auf gesundes Essen zu überzeugen. Von dieser Stadt aus, so Jamies Traum, soll die Bewegung auf andere Städte, auf das ganze Land überspringen, wie eine Bürgerrevolution. Deswegen nennt er es *Food Revolution*.

Das Angebot von ABC liegt auf dem Tisch. »Also muss ich es tun«, sagt er, als ob es die einzig logische Schlussforderung sei. Well, für ihn ist es das vielleicht auch.

Gute Gründe hat er zur Genüge: Amerika ist, sagen wir es offen, voller fetter Menschen. Etwa 110 Millionen Menschen in den USA sind dick. Übergewichtige und stark Übergewichtige gehören zum Straßenbild wie der XXL-Colabecher und McDonald's. Diabetes, Stoffwechsel- und Herzrhythmusstörungen, Nieren- und Leberprobleme oder Gelenkverschleiß: Adipöse Menschen nehmen ein bisschen was von allem mit. Alarmierend sind auch die Zahlen bei den Kindern und Jugendlichen: 17 Prozent sind fettleibig, das sind 30-mal so viele wie vor 30

Jahren. In Georgia ist jedes fünfte Kind fettleibig, und damit ist nicht dick, sondern fett gemeint.

Selbstverständlich kann man nun die Getränke- und Lebensmittelindustrie beschuldigen, die Politik und das Bildungssystem, die zu diesem Umstand beigetragen haben, und liegt damit goldrichtig. Jamie hat jedoch vor, einen ganz einfachen, anderen Grund zu bekämpfen: Die Amerikaner kochen am seltensten und essen am schnellsten – und zwar Junkfood oder selbst Frittiertes, und davon auch noch absurd große Portionen.

Jamie kann sich gut an die Reaktionen in *School Dinners* erinnern, als er den Schülern die Umstellung des Menüs ankündigte: Staunen, Verweigerung, Aggression und wahre Trauer. Es wird auch in Amerika nicht leicht werden, da ist sich Jamie sicher. Die Menschen sehen Veränderung selten freudig entgegen, es sei denn, der Leidensdruck ist hoch genug. Aber wenn schon, denn schon, denkt Jamie und sucht sich die »ungesündeste Stadt Amerikas« aus: Huntington in West Virginia, die Stadt, die jeden Sommer das *Hot Dog Festival* feiert und mehr Pizzaläden hat als der ganze Staat West Virginia Fitnessstudios und Turnhallen zusammen. Die Kriterien für den unschönen Titel waren die Quoten für Fettleibigkeit, Zahnlosigkeit und Gesundheitspflege. Die Studie aus dem Jahr 2008 stellt außerdem fest, dass 45,5 Prozent aller Einwohner von Huntington mit über 20 Jahren fettleibig sind, also fast die Hälfte.[65]

Toi, Toi, Toi, mag man Jamie wünschen, aber er hat ja schließlich Erfahrung damit anzuecken. Man muss sich nur an Rotherham erinnern, und da hat es ja schließlich auch geklappt.

Jamie vertraut auf den gesunden Menschenverstand. Wenn er nur gut genug erklärt, was er vorhat, und vor allem, warum, wenn er den Leuten die Fakten vor Augen führt, dann muss der Widerstand von

---

65 http://www.msnbc.msn.com/id/27697364/.

ganz allein schwinden, und er wird Menschen finden, die er auf seine Seite ziehen kann. Er kann gut mit Menschen umgehen, das ist eine seiner großen Stärken. Um sein Vorhaben bekannt zu machen, tritt er in Fernsehshows auf, gibt Radiointerviews, und er mietet mitten in Huntington ein großes Ladenlokal, das er mit Unterrichtsküchenstationen und einer Sofaecke bestückt. Es kann losgehen.

Jamie hat, wie gesagt, damit gerechnet, dass es hart werden würde, er hat mit Widerstand gerechnet, mit beleidigten Kindern und Jugendlichen, empörten Eltern, überforderten *Dinner Ladies* und auch damit, dass er, wie in Rotherham, nicht mit offenen Armen empfangen wird. Womit er jedoch nicht gerechnet hat, ist der geballte Hass der Kleinstadt, der ihm von Beginn an entgegenschlägt. Egal, wohin sich Jamie wendet, ob an die Schulen, an den lokalen Radiosender, an die Stadtverwaltung oder an die Bürger von Huntington selbst: Alle sind geschlossen der Meinung, dass der britische Bengel am besten seine Sachen packt und genau dorthin verschwindet, woher er gekommen ist. Sein flapsiger Cockney-Akzent, der ihm bis jetzt in England immer den Anstrich des Kumpels von nebenan gegeben hat, kommt hier nicht gut an. Jamie spricht für die Amerikaner Englisch, so wie sich für Ausländer eben Englisch anhört: als ziehe jemand beim Sprechen eine Augenbraue nach oben und spreize den kleinen Finger ab. Jamies Anliegen interessiert sie nicht. Was sie interessiert, ist die Tatsache, dass ein europäischer Yuppie ihnen vorschreiben will, was sie essen sollen (und sie nebenbei vor der ganzen Welt bloßstellt).

Amerikaner lassen sich auffallend ungern etwas vorschreiben. Die *Dinner Ladies* stehen mit verschränkten Armen vor Jamie und lassen ihn derart kalt abblitzen, dass er mit den Tränen kämpft – und verliert. »Sie verstehen mich nicht. Sie wissen nicht, warum ich hier bin«, schluchzt er auf den Treppen der Schule. Auf der Titelseite einer lokalen Zeitung werden Jamie Beleidigungen über die Bewohner in den Mund gelegt, dem folgen üble Drohungen, er solle sich bloß nicht blicken lassen, »Wer hat dich zum König ernannt?«, wird er gefragt, und Jamie ist mehrmals kurz davor, seine Sachen zu packen. Nur das Wissen, das Richtige zu tun, lässt ihn immer wieder aufstehen. Das und die Grundschulkinder, die Tomaten als Kartoffeln bezeichnen und in der Schule zum Frühstück fettige Pizza serviert bekommen.

Speziell der lokale Radiosender führt einen Krieg gegen Jamie, als müsse er die amerikanische Unabhängigkeit verteidigen. Der Moderator Rod lädt Jamie sogar ins Studio ein, um ihn zu interviewen – und verpasst ihm prompt eine rhetorische Backpfeife.

»Wir wollen nicht den ganzen Tag rumsitzen und Salat essen«, kanzelt er Jamie ab. Jamie könne sich nach Hause scheren, in Huntington, da ist sich Rod sicher, werde Jamie überhaupt nichts ausrichten. Allein dafür, dass er dieses Studio nicht türenknallend verlässt, muss man ihm Respekt zollen. Er versucht, es mit Humor zu nehmen, und fordert Rod heraus: Jamie glaubt an die Einwohner von Huntington und dass sie Interesse haben an seiner Sache. Sie schließen eine Wette ab. Jamie wettet, dass er innerhalb von fünf Tagen 1000 Bürgern beibringen wird, ein Gericht zu kochen. Wenn er gewinnt, dann muss Rod ihm ein Bier zahlen. Rod hält lächelnd dagegen. »Bitte kommen Sie in meine Küche, ich zähle auf Sie«, bittet Jamie die Zuhörer. »Bleiben Sie zu Hause, wir brauchen keinen Jamie Oliver, er soll zurückfliegen und nicht wiederkommen«, sagt Rod. Dann spielt er wieder Country-Hits.

Es kann einem wirklich leidtun, wie Jamie am nächsten Tag in der Küche an der Hauptstraße auf Interessierte wartet. Und wartet. Und wartet. Die Leute kommen nicht zu ihm– also muss Jamie zu ihnen gehen. Er organisiert in der Fußgängerzone mit Studenten der örtlichen Universität eine Art Flash-Mob: Dabei tauchen die Studenten gleichzeitig auf, tanzen eine einfache Choreografie, und nebenbei baut jeder eine kleine, mobile Kochstation auf. Die verwunderten Passanten, die das Ganze beobachten, spricht Jamie direkt an. Er habe da eine Wette am Laufen, ob sie nicht Lust hätten, kurz mit ihm zu kochen?

Die wenigen Leute in der Stadt, die Jamie sympathisch finden, werden eingeladen, und viele der Zuschauer lassen sich auf den Spaß ein, denn das ist es: Jamie, auf einem kleinen Podest vor den Kochstationen, verbreitet gute Laune, und es wird viel gelacht, während er ihnen souffliert, was sie wann und bei wie viel Hitze in den Wok geben müssen. »Rod, ich seh dich«, sagt Jamie und zeigt lachend auf seinen Gegner, der das Ganze aus der Ferne beobachtet. Von jedem, der auf diese Weise ein Gericht zubereitet, macht Jamie ein Beweisfoto mit Teller. Er besucht in diesen Tagen Firmen und die örtliche Feuerwehr, Elterninitiativen und Beamte in ihren Büros, überall findet er welche, die mit ihm das eine Gericht kochen. 800 bekommt Jamie so zusammen, 800 Leute, jeder ein Gericht, 800 Fotos. Als ihm noch zwei Tage bleiben, beschließt er, einen neuen Versuch zu wagen, Rod auf seine Seite zu ziehen. Warum ihm so viel an Rod liegt? Rod ist ein sehr beliebter Radiomoderator in dieser Stadt. So jemand kann viel leichter viel mehr Menschen überzeugen, als es irgendein Politiker könnte. Jamie will Rod unbedingt für seine Sache gewinnen. Vielleicht steht Rod auch für all diejenigen, mit denen Jamie zu kämpfen hat. Wenn er Rod bekommt, könnte er sie alle bekommen.

Rod ist bereit, sich mit Jamie zu treffen, und Jamie bestellt ihn zu einem Beerdigungsinstitut. Ein ungewöhnlicher Ort für ein Treffen, aber Jamie will Rod klarmachen, warum er hier ist, und ihm zeigen, dass ihm nicht daran gelegen ist, eine erfolgreiche Fernsehshow auf dem Rücken von Huntington zu produzieren. Die Bestatter (in freundlichem Hellblau) legen Rod dar, mit welchen Problemen sie immer häufiger konfrontiert werden: Die Leute passen immer öfter nicht in die normalen Särge, sagen sie und deuten auf einen Gegenstand am Ende des Raumes, der von der Größe her in etwa einem Fiat Panda entspricht. Es ist ein XXL-Sarg. Rod staunt: »Wow, so was habe ich noch nie gesehen.« Rods Staunen schlägt in Unbehagen um, als die Bestatter die Konsequenzen darlegen. »Es gibt keine normale Zeremonie für die Familienangehörigen, das Auto, das den Sarg transportiert, ist ein LKW. Zwei Grabstätten werden belegt, und im Krematorium brennen die Toten wie die Kerzen, wegen des ganzen Fetts.« Unschön, aber wahr.

Als Jamie Rod mit in sein Lehrküchenlokal nimmt, ist die Sofaecke schon besetzt: Mehrere fettleibige Jugendliche und Erwachsene warten. Jamie stellt sie als seine Freunde vor und bittet sie, ihre Geschichte zu erzählen. Einer hat den geliebten Vater verloren, als dieser an Herzversagen starb, eine andere zeigt Fotos ihrer Familie, in der alle Mitglieder an Diabetes Typ 2 erkrankt sind, und eine reizende junge adipöse Frau erzählt, als sie hörte, Jamie Oliver komme nach Huntington, habe sie geweint vor Freude, weil sie daran glaube, dass er ihr helfen könne. Wenn nicht, habe sie noch fünf bis sieben Jahre zu leben, weiter kommt sie nicht vor lauter Weinen, und auch Rod und Jamie schießen die Tränen in die Augen.

Rod ist geschockt. »Das hat mir das Herz gebrochen«, sagt er später, und wir hoffen mit Jamie, dass sein Gegner begriffen hat, dass es nicht darum geht, herumzusitzen und den ganzen Tag Salat zu essen. Es geht tatsächlich, wie Jamie angekündigt hat, um Leben und Tod, auch wenn das noch so reißerisch klingt. Jamie ist klug und bedrängt Rod an diesem Tag nicht weiter. Er weiß, dass sich so ein Schock erst einmal setzen muss und dass Rod Zeit braucht, die Gedanken zu ordnen. Am nächsten Morgen ist der letzte Tag für Jamie, um die 1000 für die Wette vollmachen zu können. Und wer an diesem Morgen um 7.21 Uhr in Huntington das Radio anschaltet, bekommt Unterstützung für Jamie aus unerwarteter Richtung zu hören:

»Es ist 7.21 Uhr und wir sind hier live in Jamies Küche, wenn Sie wach sind und etwas Zeit haben, kommen Sie kurz vorbei, und helfen Sie uns beim Kochen!«

Rod hat sehr gut verstanden, was Jamie plant, und so schiebt er noch hinterher: »Es geht um uns, um Huntington, nicht um Jamie Oliver.«

Und sie kommen. Hausfrauen, Studenten, der Bürgermeister, Lehrer, Straßenarbeiter und Sekretärinnen. Sie mischen sich mit einer Fernsehnachrichtencrew von *Good Morning America*, den Radioleuten, die live aus der Küche senden, und sogar der Gouverneur von West Virginia, den Jamie Tage zuvor eingeladen hat, kommt mit seiner Frau. Es herrscht eine großartige Stimmung. Jamie strahlt von einem Ohr zum anderen und fängt an, in Zehnergruppen Kochanleitungen zu geben. Als schließlich 999 Fotos von Menschen mit ihrem Teller an der Wand hängen, führt Jamie seinen Rod zu einer der Kochstationen wie eine Braut zum Hochzeitswalzer. Sein größter Zweifler ist die Nummer Tausend, es kann niemand anderes sein.

Gleichzeitig sind die Tausend aus Huntington nicht nur tausend Leute, die gelernt haben, ein Gericht zu kochen, sie repräsentieren, was möglich ist, und vor allem: dass es möglich ist. Außerdem hat Jamie den Fernsehzuschauern einige reichlich komische Szenen beschert, in denen er händeringend nach Euphemismen für das Adjektiv »fett« sucht, um es sich nicht noch mehr mit den Huntingtonern zu verscherzen.

Die Serie *Jamie Oliver's Food Revolution* ist jede Woche das erfolgreichste Programm der Sendezeit und erreicht bis zu 7,5 Millionen Zuschauer. Im April 2010 wird sie mit einem Emmy als die beste Reality-Serie für ihr herausragendes Programm ausgezeichnet.

Für seinen Einsatz wird Jamie Oliver auf der jährlichen TED-Konferenz im kalifornischen Long Beach, einer Zusammenkunft von Vordenkern aus Technologie, Wissenschaft und Kultur, der TED-Preis verliehen. Er ist dotiert mit 100.000 Dollar, außerdem darf der Preisträger einen Wunsch äußern, mit dem er die Welt verändern will.

Jamie dazu: »Der Preis wird an eine Persönlichkeit aus den Bereichen Technologie, Unterhaltung oder Design vergeben, die mit ihren Ideen die Welt verändert. Außer mir haben den Preis schon Bill Clinton, der Kriegsfotograf James Nachtwey oder der Autor Dave Eggers gewonnen. Im Publikum saßen Leute wie Bill Gates, die Gründer von Google und

Facebook. Anschließend haben die sich mit dem Gründer von Wal-Mart und einem berühmten schwedischen Designer darüber unterhalten, wie man meinen Wunsch, den jeder Preisträger äußern darf, in die Tat umsetzen könnte. Die Guten gemeinsam mit den Bösen. So etwas habe ich noch nie erlebt.«[66]

Was Jamies Wunsch war?

Mein Wunsch ist es, eine starke, langfristige Bewegung aufzubauen, die es ermöglicht, jedem Kind beizubringen, wie man sich richtig ernährt, die Familien dazu ermuntert, wieder zu kochen, und die Menschen auf der ganzen Welt dazu bringt, Übergewicht zu bekämpfen.

Als Jamie für eine zweite Staffel in die USA zurückkehrt, ist vorgesehen, in Schulkantinen in Los Angeles zu filmen. Die Schulbehörden von Los Angeles sind von dieser Idee jedoch wenig begeistert, und Jamie bekommt noch vor seiner Ankunft ein Drehverbot für alle Schulen des Bezirks Los Angeles. Ein Sprecher begründet die Entscheidung in einem Interview mit der *LA Times*:

»Reality-TV funktioniert nach einer Formel, entweder braucht man ein Drama oder einen Konflikt. Wir sind an beidem nicht interessiert.«

Ein verständlicher Einwand. Jamie hingegen braucht die Kameras:

»Wenn die Kameras es nicht sehen [das ungesunde Schulessen], dann sieht das Publikum es auch nicht, das ist mein Problem.«[67]

Zudem ist die Schulbehörde davon überzeugt, dass ihr Schulessen mitnichten so schlecht ist, dass es eines Jamie Olivers bedarf.

Die Parteien können sich nicht einigen, und Jamie weicht in den neuen Episoden auf die Arbeit mit Jugendlichen aus, die (mit 17 Jahren) teilweise davon überzeugt sind, dass Butter aus Getreide gemacht

---

66 http://m.welt.de/article.do?id=lifestyle/article6920890/Starkoch-sein-interessiert-mich-nicht-die-Bohne&cid=kultur&pg=1&li=1.

67 http://www.dailymail.co.uk.

wird, Guacamole aus Äpfeln und dass Corndogs (eine Art Würstchen im Schlafrock) vermutlich irgendwo wachsen.

Eine dieser Sendungen der zweiten Staffel, ausgestrahlt am 12. April 2011, gibt jedoch den Anstoß, dass sich die Öffentlichkeit ihrer Macht bewusst wird und den Weltkonzern McDonald's zum Handeln zwingt. Es geht dabei um *Pink Slime*, und der Name verrät schon, dass es nicht hundertprozentig appetitlich ist, was einen dabei erwartet.

Jamie hat auch in L. A. eine große öffentliche Lernküche eröffnet, in die er sympathisierende Eltern und ihre Kinder eingeladen hat. Zu lernen gibt es an diesem Tag, was in den USA in sieben von zehn Rinderhackprodukten wie Burgern, Chilis und Hacksteaks enthalten ist. Und zwar zu bis zu 15 Prozent.

Mitten in die Küche führt Jamie an einem Strick eine hübsche, schwarz-weiße Kuh namens Scarlett. Wem die Hühner aus *Fowl Dinners* und die *Bacon*-Geschichte noch in Erinnerung sind, der sorgt sich fast automatisch, ob Jamie nicht gleich zu Bolzenschussgerät und Kettensäge greift, aber nein. Es bleibt ganz harmlos (zumindest für die Kuh). Jamie zeigt den Anwesenden, welcher Teil der Kuh (Scarlett frisst derweil) wie viel wert ist und welches Stück Fleisch ergibt. Zwei Metzger demonstrieren an einem gut abgehangenen, riesigen Hinterbein, was davon übrig bleibt, wenn die wertvollen Teile entfernt sind: Schlachtabfall. Knochen, Knorpel mit Fetzen von Fleisch oder Fett. Verarbeitet werden diese Teile zu Hühner- oder Hundefutter. Da der Fleischabfall sehr anfällig für Bakterien wie Salmonellen und Kolibakterien ist, ist er zum Verzehr nicht geeignet – zumindest nicht für den Menschen, der Hundemagen hat damit kein Problem. Was wir nun sehen, ist die Prozedur, wie etwas, das für Menschen nicht geeignet ist, zu etwas gemacht wird, das bedenkenlos verzehrt wird. Zuerst wird in einem mechanischen Prozess der Fleischanteil vom Rest getrennt. Dann wird die Restemasse mit Ammoniaklösung gewaschen, um die Bakterien zu töten. Abtropfen, zerhäckseln, und schon hat man ein Produkt, das vom billigsten Grundstoff für Hundefutter zu einem Lebensmittel für Menschen geworden ist – und damit um ein Vielfaches rentabler. Es muss noch nicht einmal auf der Verpackung oder der Speisekarte ausgewiesen werden! Wer sich fragt, wie so etwas legal sein kann: Das USDA, das US-Landwirtschaftsministerium, hat es legalisiert. Alle Schulküchen, die vom USDA Hackfleisch beziehen, können sicher sein, dass es sich dabei um »angereichertes« Hack handelt.

Den Begriff *Pink Slime* verwendet das USDA jedoch nicht dafür, der offizielle Name ist: mageres, fein strukturiertes Rindfleisch (engl. *lean finely textured beef*). In Europa braucht man sich deshalb keine Sorgen zu machen, hier ist das Zeug verboten.

Nach den ersten beiden Sendungen der zweiten Staffel werden die restlichen Episoden zwar auf einen schlechteren Sendeplatz verlegt, und die Einschaltquoten sinken, aber Jamies Ziel, der amerikanischen Öffentlichkeit klarzumachen, dass sie die Macht hat, etwas zu verändern, hat er erreicht: Bereits Anfang 2011 verbannt die Schulbehörde von Los Angeles die Kakaodrinks aus den Getränkeautomaten und kündigt an, Cordogs, Chicken Nuggets und weitere Dickmacher gegen gesundes Essen auszutauschen.[68] Bald darauf kündigt McDonald's an, *Pink Slime* nicht mehr zu verwenden, besteht aber darauf, dass dies rein gar nichts mit Jamie Olivers Kampagne zu tun hat. Burger King und Taco Bell ziehen nach.

In US-Schulküchen sind Produkte, die *Pink Slime* enthalten, weiterhin erlaubt.

---

68 http://www.dailymail.co.uk/news/article-2004523/Jamie-Olivers-Food-Revolution-rolls-LA-Schools-ban-corn-dogs-opt-sushi.html.

Jamie Oliver's Food Revolution Facts:

2 Staffeln, 6 Episoden

Erstausstrahlung: 21. März 2010 (USA) auf ABC
Deutscher Titel: *Jamie Oliver's Food Revolution*

Staffel 1

1. Die fetteste Stadt der Vereinigten Staaten
2. Der Chicken Nuggets Albtraum
3. Dollars für Gemüse
4. Ein Happening für die Revolution
5. Pasta gegen Pommes
6. Die gewonnene Revolution

Staffel 2 (in Deutschland nicht ausgestrahlt)

7. Maybe L.A. Was A Big Mistake
8. I Think I Found A Loop Hole
9. Is It Me Or Have We Just Been Pushed Into A Corner?
10. We're Going To Go Guerilla
11. Feed Them Healthy Food With 77 Cents
12. A New Start, A New Chance

Das begleitende Kochbuch für den amerikanischen Markt ist *Jamie's Food Revolution*, das gleiche Buch, das wir als *Jamies Kochschule. Jeder kann kochen* kennen.

Jamie's Food Revolution, 5. April 2011, ISBN-10:1401310478

Keine Zeit gibt's nicht

Trotz der vielen Reisen gelingt es Jamie, für 2010 neue Projekte auf die Beine zu stellen: privat – Jools erwartet für September ihr viertes Kind – und beruflich. Jamie wagt sich erstmals an das Konzept einer täglichen Kochshow, die tagsüber gesendet wird. Außerdem wird er ein wahnsinniges Restaurant eröffnen.

Jamie's 30 Minutes Meals ist der Titel der Kochshow, mit der Jamie jeden Tag im Fernsehen zu sehen ist. Es ist seine Antwort auf das Hauptargument, das er sich seit jeher anhören muss, wenn er die Leute zum Kochen animieren will: Ich habe keine Zeit. 20 bis 30 Minuten braucht in etwa ein tiefgekühltes Schlemmerfilet, der Pizza-Service oder man selbst, bis man beim Chinesen war und sich etwas zum Mitnehmen geholt hat. In der gleichen Zeit, sagt Jamie, können wir auch ein Essen zubereiten – und mehr als das: ein ganzes Menü, bestehend aus drei, vier oder sogar fünf Gerichten, inklusive Dessert und Getränk. Er nutzt den Part, den viele an Fast Food so lieben, nämlich das *Fast*.

Diesmal ist Jamie kein Kumpel von nebenan. Er ist nicht nett, spricht nicht über Möglichkeiten und macht keine Vorschläge, die man so – oder aber auch ganz anders – umsetzen kann, wenn man möchte. Diesmal ist er ein General. »Hier herrscht keine Demokratie«, stellt er gleich zu Beginn klar. Wer gerne vor sich hin improvisiert, hat hier nichts verloren. Um die 30 Minuten einhalten zu können, geht es zu wie beim Militär. Zuerst organisiert Jamie die Küche um (was braucht man, und wo braucht man es), dann geht es Schlag auf Schlag. Die Rezepte sind gut durchdacht, vom Supermarkt (was ist leicht zu bekommen?) bis zu den verschiedenen Arbeitsschritten, die ineinandergreifen. Was Jamie von den Zuschauern verlangt, ist das Vertrauen, ihm Schritt für Schritt zu folgen und genau das zu machen, was ihnen gesagt wird. Was sie dafür bekommen, ist das tolle Gefühl, als kompletter Kochneuling nach 30 Minuten ein wundervolles Menü auf dem Tisch stehen zu haben.

Jamie's 30 Minutes Meals Facts:

2 Staffeln, 40 Episoden

Erstausstrahlung: 11. Oktober 2010 (UK) auf Channel 4

Deutscher Titel: *Jamies 30-Minuten-Menüs*

Staffel 1	Staffel 2
1. Piri-Piri-Hähnchen	1. Rib-Eye-Steak
2. Curry	2. Thailändisches Grünes Curry
3. Roastbeef	3. Spaghetti alla puttanesca
4. Spinat-Feta-Quiche	4. Tapas
5. Pasta für Jools	5. Rinderhackfleisch
6. Rogan-Rosh-Lamm	6. Frühlingslamm
7. Entensalat	7. Senfhähnchen
8. Pilzrisotto	8. Rigatoni
9. Steak-Sandwich	9. Jakobsmuscheln
10. Hähnchen-Pie	10. Pizza
11. Lachs aus dem Ofen	11. Knuspriger Lachs
12. Makkaroni	12. Sommerpasta
13. Focaccia	13. Gefüllte Hähnchenbrüste auf
14. Marokkanisches Lamm	zyprische Art
15. Seebarsch mit Pancetta	14. Britisches Picknick
16. Gemüselasagne	15. Gegrillte Sardinen
17. Schellfischeintopf	16. Steak-Indisch
18. Cassoulet mit Würstchen	17. Knusprig überbackener Kabeljau
19. Lachs Asia-Style	18. Hähnchenspieße
20. Jamies perfektes Hühnchen	19. Orecchiette mit Brokkoli
	20. Räucherlachs

Keine Zeit gibt's nicht

Das Kochbuch zu der Sendung wird das bestverkaufte Sachbuch in der Geschichte und macht Jamie Oliver zum meistverkauften Autor in Großbritannien nach J. K. Rowling, der Bestsellerautorin der Harry-Potter-Romane.[69] Jamie trifft einmal wieder genau den Nerv: Die Leute haben, scheint es, immer weniger Zeit, und die Rezession tut ihr Übriges dazu, dass die Tendenz, zu Hause zu kochen, steigt. Außerdem schließt Jamie mit Sainsbury's einen Vertrag, der dem Unternehmen einen großen Marktanteil an den Umsätzen zusichert, woraufhin es im Gegenzug wie wild die Werbetrommel rührt.

Begleitendes Kochbuch: *Jamie's 30-Minute Meals: A Revolutionary Approach to Cooking Good Food Fast* (2010) ISBN-10: 0718154770

Deutscher Titel: *Jamies 30 Minuten Menüs. Genial geplant – blitzschnell gekocht.* 2011, ISBN-10: 3831018340

In dem Monat, in dem der Bestseller erscheint, erscheint auch, womit niemand mehr so recht gerechnet hat: der erste Sohn der Olivers. Buddy Bear Maurice Oliver erblickt am 15. September 2010 das Licht der Welt. Buddy Bear ist übrigens keine Blume. Buddy heißt so viel wie Kumpel, und Bear ist der Bär. Maurice ist der Name von Jools' Vater.

---

69 http://www.dailymail.co.uk/tvshowbiz/article-1333862/Jamie-Olivers-runaway-book-sales-secret-recipes-par-JK-Rowling.html#ixzz23cGk1qDJ.

Fleisch, Fleisch, Fleisch

Das Heugabel-Fondue mit den Cowboys und das Braten von Fleisch über dem Lagerfeuer haben bei Jamie reichlich Eindruck hinterlassen. Diese ursprüngliche Art der Zubereitung hat es ihm angetan. Während seiner Reisen hat er verschiedene landestypische Varianten dieser Methode des Garens erlebt. Wie immer, wenn Jamie von etwas fasziniert ist, kann er es unmöglich auf sich beruhen lassen. Er trifft sich in New York mit Adam Perry Lang, einem renommierten Chefkoch und Barbecue-Spezialisten, der sich auf Fleisch, Fleisch und Fleisch spezialisiert hat. Er hat bereits ein Steakhouse, das in einem exklusiven Striplokal gelegen ist, und das bekannte Restaurant *Daisy May's BBQ* in New York. Dort treffen sich Adam und Jamie – Jools ist gegen ein Treffen im Steakhouse des Striplokals –, und angeblich ist eine Flasche selbst gebrannter Schnaps im Spiel, als die beiden beginnen, über ein Restaurant zu sinnieren, wie es noch nie eines gegeben hat: einen Tempel zu Ehren von Feuer und Fleisch.

Und Jamie wäre nicht Jamie, wenn nicht klar wäre: Der zieht das durch. Drei Millionen Euro investiert Jamie in das Projekt. Adam zieht mitsamt seiner Familie von New York nach London, und bald ist auch die perfekte Location gefunden: direkt gegenüber der St. Paul's Cathedral, besser geht's nicht.

Wenn man die beiden erlebt, hat man den Eindruck, einem Ehepaar gegenüberzustehen: Sie beenden die Sätze des anderen und führen routiniert den Gedanken weiter. Tatsächlich hat Jamie ihre Beziehung einmal beschrieben als »... das, was einer Affäre noch am nächsten kommt«.

18 Monate dauert ihre Suche nach dem perfekten Fleisch. Selbstverständlich handelt es sich dabei um Biofreilandtiere von britischen Bauern. Fast ebenso viel Wert legen sie darauf, dass die Fleischer, die das Fleisch anschließend weiterverarbeiten, die gleiche Liebe und Hingabe an den Tag legen wie sie selbst. Deswegen und auch weil sie es einfach toll finden, eröffnen sie eine Fleischerei im Erdgeschoss des Restaurants, das sich im ersten Stock befindet.

Statt das Fleisch hinter Stahltüren und in Kühlräumen zu verstecken, hängen die Rinderhälften im Schaufenster, man kann den Fleischern bei der Arbeit zusehen, während hinter ihnen in den Regalen an Fleischerhaken die Rippenbögen baumeln. Das moderne, gläserne Design sieht so wenig nach Fleischerei und so sehr nach Museum oder Club aus, dass man automatisch denkt, man sei in eine Damien-Hirst-Ausstellung geraten.

In der Küche kommen die verschiedensten Zubereitungsarten über Feuer aus allen Teilen der Wert zum Einsatz. Es gibt große, mit Holz geschürte Backöfen und Räucherkammern, offene Feuerstellen, einen texanischen Räuchergrill, einen indischen Tandoori-Ofen und einen japanischen Robata-Grill. Die Küche ist einsehbar, man kann die Köche an den Feuerstellen beobachten, und der Geruch von Fleisch und Holz liegt in der Luft. Es werden verschiedene Holzarten benutzt, die ganz eigene Geschmacksnoten hervorbringen. Was soll man sagen. Es ist der Wahnsinn.

BARBECOA
A CATHEDRAL TO FIRE AND FOOD

Vegetarier sollten es schnell wieder vergessen. Das Barbecoa öffnet seine Pforten am 3. November 2010. In diesem Jahr wird Jamie vom *Observer Food Monthly* erneut zur *Food Personality des Jahres* gewählt.

Heimatliebe

Als Jamie mitsamt Jools und den vier Kindern Anfang 2011 für drei Monate nach Los Angeles zieht, um sein Projekt *Food Revolution* weiter voranzutreiben, wird er, wie zu erwarten war, alles andere als freundlich empfangen. Seine Erlebnisse zuvor in Huntington und die Reisen in andere Länder haben in ihm die Einsicht reifen lassen, die alle Reisenden früher oder später machen: Zu Hause ist es gar nicht schlecht. Je öfter und je länger man sich von einem Heimatland entfernt, desto bewusster werden einem die Vorzüge desselben, die man vorher meist nicht wahrgenommen hat. Sie waren schließlich selbstverständlich.

Gleichzeitig genießt England in der Welt nicht unbedingt den Ruf einer Feinschmeckernation, was dezent untertrieben ist. Jamie aber, der sich in der Kochszene seines Landes bewegt, sieht die Veränderungen und die exzellente Küche, die in seinem Land entsteht. Als seine Eltern damals in ihrem Pub anfingen, gute Hausmannskost zu servieren, war dies nur der Anfang einer Bewegung, die das ganze Land erfasste. Der enorme Imageaufschwung des Kochens und des guten Essens ließ althergebrachte Gerichte und Rezepte wieder in Mode kommen, die in Vergessenheit geraten waren. Es ist ja nun nicht so, dass die Küche in England schon immer eine Katastrophe war. Sie wurde lediglich dazu, als Industrialisierung, die Lebensmittelrationierung nach den Weltkriegen und Tiefkühlgerichte damit fertig waren.

Als Jamie durch New York zog und die kulinarischen Winkel der Stadt erforschte, wie das versteckte Schlachthaus und das illegale Restaurant, fiel ihm auf, dass er sich noch nie so intensiv mit London beschäftigt hat. All die typischen Gerichte, die er aus aller Welt in wunderbaren Kochbüchern und TV-Serien zusammengetragen hat – noch nie hat er Ähnliches mit seinem eigenen Land versucht! Und das, obwohl Jamie ein tapferer Verteidiger seiner Landesküche ist – wie oft sich auch internationale Journalisten darüber lustig machen mögen, dass ausgerechnet ein BRITE zu einem der berühmtesten Köche in der Hemisphäre aufsteigt. Der Moment könnte nicht besser sein, Großbritannien wird 2012 die Olympischen Spiele unter den Augen der Weltöffentlichkeit ausrichten – und Jamie wird das Projekt starten, das längst überfällig ist. Seine Hommage an sein Land:

Jamie's Great Britain.

Er greift auf das bewährte Rezept »Serie & Buch« zurück und fährt mit seinem Produktionsteam quer durch das Land, um die traditionellen Rezepte wiederzuentdecken und (leicht abgeändert) an Zuschauer und Leser weiterzugeben.

Falls einem bei Gerichten wie *Steak-&-Nieren-Pudding* und *Schweineschwarten-Crackern* nicht das Wasser im Munde zusammenlaufen sollte, wenn man also kein Brite und keine Britin ist, dann sollte man dieses Buch vor dem Kauf besser genau durchblättern. Es ist wie immer sehr schön aufgemacht, die Fotos sind toll, es gibt jede Menge Geschichten und Bilder von Jamie und seiner Familie, und sogar Jamies Lieblingsomelett hat es in das Kochbuch geschafft (kein Wunder, dass es 400 Seiten hat), aber es ist eben – britisch. Also … ähm … toll!

Jamie's Great Britain Facts:

1 Staffel, 6 Episoden

Erstausstrahlung: 25. Oktober 2011 (UK) auf Channe l4

Deutscher Titel: *Zu Gast bei Jamie Oliver*

Erstausstrahlung: 10. Juli 2012 auf sixx

Episoden:

1. Eastend & Essex
2. Yorkshire
3. Südwales
4. Im Herzen von England
5. Südwestengland
6. Schottland

Begleitendes Kochbuch: *Jamie's Great Britain* (2011) ISBN-10: 0718156811

Deutscher Titel: *Zu Gast bei Jamie: Die besten Rezepte aus dem Königreich*, 2011, ISBN-10: 3831020353

Kürzlich und demnächst

Seit dem 10. März 2011 erscheint das Magazin *JAMIE* auch in Deutschland, verlegt von Gruner & Jahr. Es ist eine Art Minkochbuch, in dem es Beiträge über landestypische Gerichte aus aller Welt, tolle Fotos, Restauranttipps und jede Menge Rezepte zu verschiedenen Themen gibt. Die Texte sind alle in der leichten, lockeren Sprache geschrieben, die man von Jamie gewohnt ist, auch seine speziellen Tipps finden Platz. *JAMIE* erscheint sechsmal im Jahr, hat im Schnitt 124 Seiten und kostet 4,90 Euro.

http://www.jamiemagazin.de

Ebenfalls im März 2011 läuft Jamies erstes Projekt an, das überhaupt nichts mit Kochen oder Ernährung zu tun hat. Es berührt jedoch zwei Themen, die Jamie sehr am Herzen liegen: Jugendliche, die aufgegeben haben, und die Schule. Diesmal geht es aber nicht um die Kantine, sondern um den Klassenraum. Jamie sucht eine Gruppe von 20 Jugendlichen zusammen, die ohne Abschluss die Schule hingeschmissen haben. Was passiert, wenn man diesen 20 einen Unterricht serviert, der sie von den Socken haut? Mit faszinierenden Persönlichkeiten als Lehrern, die Meister ihres Fachs sind und vor Inspiration glühen? Könnten diese einen Funken dieser Leidenschaft an die Schüler weitergeben? Wohin und wie weit kann diese Klasse kommen? Während er mit dem Projekt *Fifteen* jene Jugendlichen erreichen wollte, die er für das Kochen begeistern konnte, erweitert er jetzt das Feld: Hauptsache, die jungen Leute lassen sich überhaupt von irgendetwas begeistern. Jamie organisiert eine Schule, wie sie in seinen Träumen aussieht, und verpflichtet dafür ein Team aus den interessantesten Persönlichkeiten, die England zu bieten hat. Vielleicht, so könnte man denken, ist es auch ein Rückblick auf Jamies Schulzeit: Wie weit hätte er kommen können, wäre seine Schule gewesen wie die Dream School?

Es ist ein interessantes Projekt, das zuallererst offenlegt, womit niemand gerechnet hat: Es reicht nicht, ein hoch angesehener Spezialist zu sein und einen berühmten Namen zu haben. Den Respekt der Schüler müssen sich Experten genauso verdienen wie alle anderen Lehrer auch – und dabei schneiden nicht alle besonders gut ab. Hoffentlich gibt Jamie dieses Projekt nicht auf, sondern experimentiert damit weiter, es könnte etwas Großartiges daraus werden.

Ende 2011 trennen sich Sainsbury's und Jamie in aller Freundschaft. Ihre Verbindung war nicht immer nur von Liebe und Eintracht geprägt. Die Supermarktkette, die im höchstmöglichen Maße um die Öffentlichkeit bemüht ist, hatte es nicht immer leicht mit Jamie, der kein Blatt vor den Mund nimmt, wenn es ihm gerade in den Sinn kommt. Sein Nachfolger wird David Beckham.

Im März 2012 macht Jamie Schlagzeilen, als er eine Journalistin als »Schlampe« bezeichnet. Jamie ist zu diesem Zeitpunkt in Australien, um dort zusammen mit der Regierung eine zweite *Ministry-of-Food*-Kampagne zu starten. Es geht um seine Herzensangelegenheit. Schulkinder sollen gesünderes Essen und Kochunterricht bekommen. Jamie geht auf Promo-Tour, reist zu den TV- und Radiostationen und gibt Interviews. Als ihn eine Journalistin fragt, ob er wohl ein paar Pfunde zugelegt habe, rollt er mit den Augen. Er sitzt (mit einem leichten Kater übrigens) vor den Journalisten und versucht, ihnen zu vermitteln, wie toll es wäre, wenn wir unsere Kinder gesünder ernähren würden. Die

Kürzlich und demnächst

Journalisten aber sind lediglich daran interessiert, ob Jamie zugenommen hat, ob Jools ihn vermisst, ob weitere Kinder geplant sind usw. »Danke, dass Sie es bemerkt haben«, antwortet er zunächst genervt und schießt dann hinterher: »*bitch*« (Miststück). Die große Meldung ist infolgedessen auch nicht, dass Jamie in Australien eine Kampagne macht, sondern dass er eine Journalistin beleidigt hat.

Anfang Juli 2012 wird Jamie die Ehre zuteil, die olympische Fackel am 50. Tag ihrer Reise durch Newport tragen zu dürfen. Dort ist Jamie früher zur Schule gegangen. Trotz strömenden Regens läuft Jamie stolz und mit einem riesigen Grinsen im Gesicht an den jubelnden Zuschauern vorbei und winkt, was das Zeug hält.
Er nimmt außerdem die Olympischen Spiele zum Anlass, zusammen mit engagierten Persönlichkeiten aus dem Gesundheits- und Bildungswesen einen offenen Brief zu schreiben, der die Sportler dazu aufruft, aufmerksam bei der Wahl ihrer Werbepartner zu sein. Anlass sind unter anderem der ehemalige Stürmer Gary Lineker, der für Kartoffelchips wirbt, und David Beckham, der sich gegen Geld sehr für Pepsi begeistern kann. In dem Brief weisen Jamie und seine Mitstreiter darauf hin, dass mit der Berühmtheit auch eine gewisse Verantwortung einhergeht und der Einfluss ihrer »Helden« auf die Jugendlichen enorm ist. Außerdem bezeichnen sie es als »total pervers«, dass einige der Hauptsponsoren des größten Sportspektakels der Welt McDonald's und Coca-Cola sind.[70]

2012 kommt außerdem endlich das Buch heraus, auf das all jene gehofft haben, die sich bei den 30-Minuten-Menüs dachten: Schön und gut, aber wie wär's, wenn ich statt eines Menüs nur ein Gericht mache, und das braucht dafür nur die Hälfte der Zeit?

---

70 http://www.dailymail.co.uk/news/article-2178600/Jamie-Oliver-condemns-use-sporting-role-models-like-David-Beckham-Gary-Lineker-promote-junk-food.html.

Jamie Oliver

Hier ist die Antwort:

Titel: *Jamie's 15-Minute Meals*, September 2012, ISBN-10: 071815780X

Deutscher Titel: *Jamies 15-Minuten-Küche: Blitzschnell, gesund und superlecker*, November 2012, ISBN-10: 3831022631

Der Kampf geht weiter

Nachdem Jamie in England nach langem Ringen eine wirkliche Verbesserung der Ernährung für Schulkinder erreicht hat, muss er nun mitansehen, wie der Bildungsminister Michael Gove, der sechste Bildungsminister seit der Kampagne, im Zuge einer Reform des Schulsystems diese Erfolge zunichtemacht. Die Reform sichert Elternverbänden und anderen Gruppierungen das Recht zu, selbst Schulen zu gründen. Diese Schulen werden also von Privatleuten organisiert, aber vom Staat finanziert. Somit können Privatleute über Dinge wie den Lehrplan, die Klassengröße und die Lehrerauswahl selbst bestimmen – und zu Jamies Leidwesen auch über die Verköstigung. Sie sind nicht an die strengen Richtlinien gebunden, welche die öffentlichen Schulen erfüllen müssen, und prompt tauchen dort genau die Lebensmittel auf, gegen die Jamie so vehement gekämpft hat. Die Teller mit Frittiertem sind zurück, und in Automaten werden Schokoriegel und Süßigkeiten verkauft – statt wie in den Verkaufsautomaten der staatlichen Schulen Obst, Nüsse und gesunde Snacks. Mehr als die Hälfte von Englands 3261 Secondary Schools sind inzwischen unabhängige Schulen oder dabei, zu solchen zu werden.[71]

Nachdem er sich zunächst maßlos darüber aufgeregt hat, dann enttäuscht war und von Aufgeben sprach, macht Jamie nun wieder mobil

---

71 http://www.dailymail.co.uk/news/article-2133421/Jamie-Oliver-accuses-Gove-allowing-academy-schools-profit-selling-children-unhealthy-meals.html.

im Kampf gegen Michael Gove und seinen Beschluss. Er wird, wie er sich der *Daily Mail* gegenüber bezeichnete, weiterhin »ein inoffizieller Schmerz im Allerwertesten der Regierung« sein.

Es bleibt spannend.

Funny Facts – Was Sie bestimmt noch nicht über Jamie Oliver wussten

Er hat mal Bierdeckel gesammelt, es aber relativ bald wieder sein lassen, weil er nicht wusste, was er damit anfangen sollte.

Jamie hat es grob geschätzte 100 Mal ausgeschlagen, nackt für eine Zeitschrift zu posieren.

Jamie achtet sehr auf Sicherheit in der Küche: Mit 16 hat er sich im Pub seiner Eltern an einer Scherbe die Arterie verletzt. Die Chirurgen konnten die Arterie und einen verletzten Nerven reparieren, aber es hat Eindruck hinterlassen. Seither kann er zwar Schweine zerteilen, aber es dreht ihm den Magen um, wenn er sein eigenes Blut sieht.

Ein Moment, an den sich Jamie immer erinnern wird, ist der Telefonanruf von Fatboy Slim: ob er in einem von Jamies Rezepten statt Thunfisch auch Hai benutzen könne. (Die Antwort: Ja)

Die schlimmste Person, für die Jamie je gekocht hat, war Harvey Keitel. Die perfekten Spaghetti arrabiata hat er zurückgehen lassen, weil sie nicht so seien, wie sie sein sollten. Dann hat er nach Tabasco oder einem Becher mit Instantnudeln verlangt.

Das Teuerste, was sich Jamie je geleistet hat (von Immobilien abgesehen): ein Bentley GT Continental.

Jamies hat eine heiß geliebte Sammlung antiker Kochbücher.

Wenn er sich eine Superkraft aussuchen könnte, würde er gerne fliegen können.

Jamies liebstes Laster ist nächtliches Pokerspielen mit engen Freunden und gutem Rotwein.

Jamie hat den prominenten Wildtierexperten Steve Irwin bei ihrem Zusammentreffen für den Visagisten gehalten.

Ein Artikel von Elisa Roche, einer Studentin der ersten Stunde der *Fifteen*, zitiert Jamie, der zu ihr gesagt hat, sie habe *große Eier* (bollocks). Der Artikel wird im Realschulunterricht benutzt und ist das einzige Lehrdokument, in dem das Wort »Eier« im Sinne von Hoden vorkommt.

Jamie hat bei einer Wohltätigkeitsveranstaltung David Beckhams Fußballschuhe für circa 35.000 Euro ersteigert.

Jamie fiel bei einem seiner Auftritte bei der *Oprah Winfrey Show* von dem Roller, mit dem er auf die Bühne kam.

Jamie hat seiner Tochter Poppy zum ersten Geburtstag einen Kirschbaum gepflanzt.

Nachwort

Wie Sie gewiss bemerkt haben, ist diese Biografie nicht von Jamie geschrieben worden, sondern von mir. Jamie selbst möchte keine Biografie schreiben. Er möchte, dass seine Projekte glänzen, weniger seine Person. Ich habe versucht, dem Respekt zu zollen, indem ich Ihnen diese Projekte so nahegebracht habe, wie es mir möglich ist. Wie Sie bestimmt ebenfalls bemerkt haben, ist Jamie ein Workaholic. Seien Sie mir daher nicht böse, wenn ich seine Entwürfe für Tefal oder seine Geschirrkollektion für Royal Worcester nicht erwähnt habe, seine Bäckereien, Raumdüfte, seine Beiträge für die Wohltätigkeitsorganisation *Comic Relief* oder die Spezial-Weihnachts-Shows. Ebenfalls nicht erwähnt wurde eine iPhone-App namens *20 Minute Meals*, mit der er den Apple-Design-Preis gewann. Es gibt ein Videospiel aus dem Jahr 2008 mit dem Namen *What's Cooking?*, das ich Ihnen völlig verschwiegen habe, wie ebenso ungefähr eine Million Auftritte im Fernsehen, darunter bei Letterman, Oprah Winfrey und ähnlichen Größen. Verzeihen Sie mir.

Herzlichst,
Ihre Rose Winterbottom

Glossar

Saucier: zuständig für Saucen, warme Vorspeisen, Fleischgerichte und in kleinen Brigaden auch Fischgerichte. Unter den verschiedenen Posten ist dies der umfangreichste.

Rotisseur: Dieser Posten kümmert sich um Braten und Gegrilltes, zudem steht hier die Friteuse.

Poissonnier: In großen Restaurants ist er ausschließlich auf Fisch und Meeresfrüchte spezialisiert.

Entremetier: Der Entremetier konzentriert sich auf Suppen und Beilagen sowie Gerichte, die nichts mit Fisch oder Fleisch zu tun haben.

Garde-manger: Dieser Posten umfasst die kalte Küche. Das beinhaltet kalte Vorspeisen, Salate und meist auch Desserts. Außerdem ist der Garde-manger zuständig für das Zuschneiden von rohem Fleisch.

Patissier: Die Patissiers sind die Könige der Desserts. Meist werden hier auch Brötchen, Brot und Teigwaren hergestellt.

Boulanger – Bäcker: Sehr große Hotels beschäftigen einen eigenen Bäcker, der das Frühstücksgebäck herstellt.

Boucher de cuisine – Küchenmetzger: Große Betriebe leisten sich manchmal einen eigenen Metzger für das Zubereiten von Fleisch und Wurstwaren.

... für jeden dieser Posten ist jeweils ein Postenchef, ein Chef de Partie, verantwortlich. Ihm unterstehen der stellvertretende Postenchef, Jungköche (Commis) und Auszubildende. Der Postenchef wiederum untersteht Sous-Chef und Küchenchef. Eine wichtige Figur ist außerdem der:

Tournant: Er ist ein Springer: ein Tausendsassa, der überall dort einspringt, wo Not am Mann ist.

Küchenhierarchie:

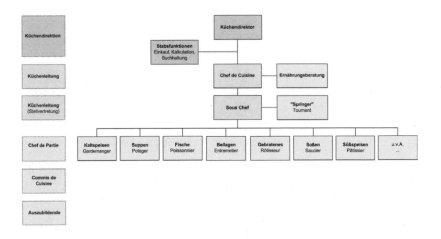